# 継体天皇＝男弟王の正体

## ――巨大古墳仁徳陵の被葬者はだれか

林 順治



えにし書房

癸未年八月日十大王年男弟王在意柴沙加宮時斯麻念長奉寿遣開中費直穢人今州利二人尊所取白上銅二百旱作此竟

癸未年（五〇三）八月、日十大王《ソカ》（昆支）の年（世）、男弟王（継体）が意柴沙加宮（忍坂宮）に在《いま》す時、斯麻（武寧王）は男弟王に長く奉仕したいと思い、開中（辟中）の費直《こうりちか》（郡将）と穢人今州利の二人の高官を遣わし、白い上質の銅二百旱を使って、この鏡を作らせた。（石渡信一郎解読文）

# はじめに

私が古代史研究家石渡信一郎氏（以下敬称は略させていただきます）に会ったのは、ソウルでオリンピックが開催された年の一九八八年三月の終わり頃でした。当時、私は聖書を読むことに熱中していました。私は単行本を企画する編集者だったので、勤務時間はかなり自由でした。

私は午前中に電話での著者との連絡や原稿の割りつけ作業を済ませた後、午後四時頃帰宅すると、真新しい聖書をもって夕日がさすヴェランダの窓際で枕を背に横になるのが常でした。「創世記」から始まる「モーセ五書」は、モーセが神と契約した「十戒」とその違約によって民が罰せられる国家形成の物語です。

当時、私の関心事は神の概念でした。偶像を崇拝するユダヤの神は山川草木を拝む日本古来の神仏混交とは対照的です。いったい日本の神とは何か。何が私をして山や川や草や木々を懐かしくさせるのか。私は聖書を読みながら日本の神のことを考えていました。

石渡と会って五ヵ月ほど経った八月の終わり頃です。私はふと、机の横の本棚に差し込んであるA五判の白い束になった感熱紙に気がつきました。石渡から預かった原稿です。私はその時、八幡神社とその神について何か書いているような気がして、はやる気持ちで原稿用紙をめくっていきました。

すると原稿用紙の終わり頃で、「昆支の神格化・八幡神」という見出しが私の目に飛び込んできました。私の心臓はある強い予感で高鳴りました。いったい「昆支」とは誰のことなのか。昆支とは応神天皇だという。応神は初代神武から一五代目の在位二七〇年から三一〇年の天皇です。全国約四万の八幡神社の大半は応神天皇を祭神としています。私の郷里の横手盆地の出羽山地側を北流する雄物川のほとりの村々にも大小の八幡神社が必ず一つか二つありました。

事の重大性に気がついた日の三日後、石渡から私のもとに書籍小包が送られてきました。A五判並製の白いカバー表には藤の木古墳から出土した鞍金具、裏には隅田八幡鏡が印刷されています。本の中身は私の預かっている原稿とほぼ同じ内容のもので、横組みのタイプ印刷でした。石渡と初めて山の上ホテルのロビーで会った時、私は「この内容では一般の読者には難解なので、もっとわかりやすいものにして欲しい」と言って原稿は預かり、後日新たなレジュメを送ってもらうことにして別れました。

数日後、私は『蘇我王朝の興亡』と題するレジュメをもとに企画書を作り、社の編集会議で出版の了解をとりました。「蘇我王朝の興亡」は『応神陵の被葬者はだれか』というタイトルで二年後の一九九〇年二月、三一書房から出版されました。「一九八八年八月一五日」の日付のあるA五判並製の私家版は『日本古代王朝の成立と百済』という書名です。本と一緒に日本古代史解明の要旨が書かれた「挨拶状」が添付されていました。次にその全文を紹介します。

私はこのたび『日本古代王朝の成立と百済』を私家版で出すことになりました。本書の特徴は、①古墳時代の朝鮮半島から多数の渡来者があったとする人類学者の新しい学説と、②応神陵の年代を五世紀末から六世紀初めとする地理学者日下雅義の学説に基づいて日本古代史の謎の解明を試みたことです。

こうした試みはいまだになされたことはありません。人類学の研究成果によれば、日本古代国家を建設したのは、概念不明な騎馬民族でなく、朝鮮から渡来した古墳人だと考えるのが自然です。また、応神陵は五世紀〜六世系初めの倭国王の墓とみることができます。また継体天皇は応神天皇の弟で、八幡鏡銘文の「男弟王」であり、この王が仁徳陵の被葬者であることを突きとめることができました。つまり「記紀」にみえる応神と継体の間の一〇人の天皇、すなわち仁徳から武烈までの一〇人の天皇はみな架空の天皇であることがわかりました。本書は「記紀」が隠した、このような古代大王家の秘密を明らかにしたものです。

『日本古代王朝の成立と百済』をもって、急遽、私は札幌在住の石渡信一郎を訪れました。飛行機は嫌だったので、上野発朝七時の新幹線で盛岡まで行き、盛岡で函館行きの特急に乗り換えて、函館でもう一度乗り換えて夕方六時半に札幌駅に到着しました。

翌日早朝、石渡は私が泊まったホテルの部屋までやって来ました。札幌には二日滞在しましたが、私が東京に戻る時に札幌駅まで見送りにきた彼は「今度の本はきっと驚天動地の波紋を起こしますよ」とあたかも私をはげますかのように微笑みながら言ったことを忘れることができません。

遠くゆったりと流れ行く札幌郊外の風景とリズミカルな列車の振動が私の興奮を鎮めてくれました。「あの巨大な古墳に百済の王子が埋葬されていることなどありうることだろうか」「いったい何が起きるだろうか」と何度もつぶやきながら、活火山の有珠山《うすざん》を通過する頃私はようやく眠りにつきました。

古代史一般の説ならばいざ知らず、一〇〇年近い論争を経て、いまだに解読にいたっていない、しかも早くから国宝に指定され、今現在、上野の国立博物館の考古館に展示されている隅田八幡鏡の銘文解読に成功した可能性のある石渡説に、新聞、雑誌、テレビなど日本のマスコミがいかなる反応も示さなかったのは不思議でなりません。

以来、私は石渡の本を二〇〇二年まで一二冊刊行しました。その間、畿内・関東の古墳や群集墳はもとより、南は菊池川中流左岸の熊本県の江田船山古墳から北九州沿岸の古墳を一周して国東《くにさき》半島の赤塚古墳や出雲・岡山・瀬戸内海沿岸の古墳、北は岩手県胆沢町（現奥州市）の角塚古墳や和賀川流域の釣子《えずりこ》古墳群を見て回りました。そして名のある八幡神社にも立ち寄りました。

宇佐八幡、石清水八幡や河内三代頼信・頼義・義家の墓がある羽曳野《はびきの》の通法寺境内の壷井八幡宮にも行きました。河内源氏三代は応神・継体が引き連れてきた百済住民の末裔であり、彼らこそ河内湖を埋め立て大阪平野にした開拓民の子孫だったのです。

石渡信一郎に初めて会って以来すでに二三年になります。本書は石渡の驚くべき数々の発見と業績に私のささやかな発見を加えたものにすぎませんが、『応神陵の被葬者はだれか』の姉妹編と思っていただければ幸いです。きっと日本古代解明のマスター・キーを手にすることができるものと私は信じています。扉の向こうには東アジアの中のダイナミックな日本の古代史が展開することを！

## 新訂版について

本書は今から一三年前の東日本大震災が起きた八ヵ月後に出版した『仁徳陵の被葬者はだれか』（河出書房新社、二〇一一年一二月刊）の新訂版です。であれば版元の河出書房に再版の意図を伝えなければなりません。伝えるとすれば『応神＝ヤマトタケルは朝鮮人だった』（二〇〇九年四月）の編集担当者西口徹さんです。西口さんは速やかに承諾してくれました。感謝の意を表します。

『応神＝ヤマトタケルは朝鮮人だった』はネット上で大炎上して対応に苦労しましたが、本はよく売れました。タイトルが奇抜だったのか、それとも南北朝鮮統一や在日韓国・朝鮮人問題など深くて長い矛盾・対立・葛藤が根底にあったのでしょう。

しかしながら『応神＝ヤマトタケルは朝鮮人だった』は出すべくして出した本だと思ってい

ます。『応神陵の被葬者はだれか――消えた初代大王を追う』（一九九〇）を出版してから私は日本古代史の真の理解の原点を隅田八幡鏡銘文の癸未年は「五〇三年」とし、稲荷山鉄剣銘文の辛亥年を「五三一」としてきました。

そこで思いついたことは、最近の文科省検定日本史教科書は、私の日本古代史理解の原点としている「癸未年＝五〇三年」と「辛亥年＝五三一」をどのようにあつかい、どう説明しているかということです。

そこでつい最近、池袋の三省堂書店の検定日本史教科書のコーナーで中・高生向けの本を四冊、

（A）『ともに学ぶ人間の歴史――中学社会』（学び舎）
（B）『新しい日本の歴史――中学校社会科用』（育鵬社）
（C）『日本史探求――高等学校』（第一学習社）
（D）『高校日本史――日本史探究』（山川出版）

購入しました。日本古代史の真の理解の原点となる隅田八幡鏡銘文の「癸未年＝五〇三年」と稲荷山鉄剣銘文の「辛亥年＝五三一」はどのように教えられ、理解され、受け入れられているのか興味津々だったからです。

ここでは高等学校の検定済日本史用教科書の（C）と（D）の二冊にしぼり、見てみましょう。（C）は、「巨大古墳つくられる」を大見出しとし、「ヤマト政権の出現」「新しい文化の流入」「倭の五王」「古墳時代」の小見出しを立て、大仙陵古墳（伝仁徳天皇陵）や高句麗と百済の関係、倭の五王、稲荷山鉄剣銘文のワカタケル大王を雄略天皇とします。

また（D）は、「第二章　古墳と大和政権」のタイトルを立て、「古墳文化と大和政権」「古墳文化」「大和政権と東アジア」「大陸文化の伝来」「古墳時代の人々」「ヤマト政権の政治組織と古墳の終末」の小見出しで、箸墓《はしはか》古墳を前方後円墳の初めとし、大阪府の大仙古墳を前方後円墳の最盛期とし、「百舌鳥古墳群」の航空写真を掲載し、囲み記事では稲荷山鉄剣と江田船山古墳鉄刀の写真をならべ、左は埼玉県立さきたま史跡の博物館、右は東京国立博物館蔵としています。

その鉄検と鉄刀の写真の左に「倭の五王と天皇」の系図を挿入し、その系図の説明として「讃は仁徳か履中、済は允恭、興は安康、武は雄略天皇に当たると考えられる」としています。さらにその系図の左となりに「東は毛人《もうじん》を征すること五十五国、西は衆夷を復すること六十六国……」という倭王武の上表文を囲み記事にしています。

この二冊の高校生用の（C）も（D）もワカタケル大王を『日本書紀』記載の雄略天皇（在位四五七～四七九）としています。そうすると雄略の在位年中の辛亥は四七一年ということになります。しかし干支六〇年で一巡しますから、六〇年プラスすると継体天皇二一年（五三一）の辛亥年に当たります。

「ワカタケル大王は雄略天皇である」という説はまだ有力ですが、「欽明天皇」というかなり有力な説もあります。生徒に対して教師は司会者であり、先生でもあります。百年たった現在でも未解決の状態であるにもかかわらず、文科省の検定日本史教科書はワカタケル大王を雄略としています。この問題の解答はかなり難題ですが、教師・生徒・在野の研究者などが集まって討論をしたらある程度の解答がでると思います。

稲荷山鉄剣銘文の辛亥年は四七一年か五三一年かの問題はひとまずおいて、問題は隅田八幡鏡銘文の「癸未年＝五〇三年」です。しかし「癸未年＝五〇三年」どころではありません。CとDの高校生用の日本史検定教科書には「隅田八幡鏡銘文」の「隅」の字もありません。「問題以前の問題ですから問題になりません」すなわち「無」です。市販の本の著者・研究者も隅田八幡鏡銘文の解読は避けて通ります。

全国の高等学校の総数は約五〇〇〇校、生徒数三百万人です。文部科学省検定教科書の影響力は絶大であり、その責任は重大です。八幡鏡に刻まれた「日十大王」「男弟王」「斯麻＝武寧王」は大王の名が刻まれ、しかも五W一Hのそろった第一級の金石文です。隅田八幡鏡は単なる三角縁神獣鏡ではありません。東アジアの宝物です。東アジアと日本のアイデンティティを確立するシンボリックにして希望をもたらす鏡です。

本書「第二章　継体天皇はどこから来たか」と「第六章　欽明＝「獲加多支鹵大王」」を開いていただければ、きっと「日本古代史の真の理解の原点」に到達できるものと確信しています。

## 継体天皇＝男弟王の正体　目次

# 第一章　隅田八幡鏡銘文の「日十大王」と「男弟王」

## 1　考古学者高橋健自と隅田八幡鏡

### ❖隅田八幡鏡

奈良と和歌山の県境を越えて流れる紀ノ川右岸の、JR和歌山線隅田駅から北西約一キロメートルの「宮の壇」と呼ばれる小高い丘に隅田八幡神社は鎮座しています。そこから眺めることのできる紀ノ川左岸に広がる山麓の整然とした風景は見事というほかありません。

隅田八幡神社の所在地は橋本市隅田町垂井六二二です。神社は隅田荘が成立する時石清水八幡宮の別宮として勧請されたと言い伝えられています。神社の由緒《ゆいしょ》によると、長治二年（一一〇五）隅田庄内の豪族であった隅田党の祖藤原忠延が神社の社務をつかさどる俗別当職《ぞくべっとうしき》となり、ついで隅田荘の荘官である公文職《くもんしき》になったといいます。

この八幡神社に伝来した人物画像鏡（隅田八幡鏡）が広く世に知られるようになったのは、大正三年（一九一四）九月、考古学者高橋健自が学会の例会でこの鏡を紹介してからです。高橋はその講演内容を「在銘最古日本鏡」と題して『考古学雑誌』の第五巻第二号に発表しました。

明治四年（一八七一）、宮城県仙台市に生まれた高橋健自は、東京高等師範学校を卒業後、福井県の尋常中学校の教師を最初に、奈良県橿原市の畝傍《うねび》中学校の教師を経て明治三七年（一九〇四）、学芸員として東京上野の帝室博物館に就職しました。この時の学芸部長が高等師範時代の恩師三宅米吉です。隅田八幡鏡の講演内容を『考古学雑誌』に発表した年、高橋は古

隅田八幡神社（筆者撮影）

隅田八幡神社の人物画像鏡
（隅田八幡神社蔵：東京国立博物館寄託）

墳の年代と鏡の様式のことで、喜田貞吉（一八七一～一九三九）を相手に論争の最中でした。

高橋と同じ明治生まれの喜田貞吉はすでに関野貞《ただし》（一八六八～一九三五）との法隆寺再建非再建論争でその名を知られていましたが、小学校歴史教科書に足利氏の北朝と後醍醐天皇の南朝をならべて記述したため、南朝を正統とする体制側から非難されて文部省図書審査官を休職に追い込まれていました。

喜田との論争の渦中にあった一九一四年の六月頃、高橋は大和五條町（現五條市）に住む小笹光典という人物から同町に近い紀伊国伊都郡（現在の和歌山県橋本市垂井《たるい》）の隅田八幡宮の什宝《じゅうほう》である古鏡の拓本を贈られました。

それには「神功皇后御将来」という社伝も書き添えてあります。「御将来」とは神功皇后がもたらした品を意味します。鏡の背の内区には一〇名ほどの人物がほどこされ、内区外周の銘帯部分は漢や六朝の鏡にあるような吉祥文句でなく、「癸未年八月日」とか「何々宮」とかいう今まで見たことのない漢字らしき文字が一周しています。

## ◈銘文を判読する

それから間もなく高橋は五條地方の旅行をした際、奥田抱生《ほうせい》なる教育者にして歴史家の知人に出会ったので、鏡のことを尋ねました。すると奥田は確かにその鏡を実際に見たといいます。奥田によると銘文の最初の文字は「癸未年八月日」と読むことができ、「意柴沙加宮《おしさかのみや》」と読むことができたというのです。

「意柴沙加宮」とは「忍坂《おさか》」と表記され『日本書紀』「神武紀」などに出てくる、現在の奈良県桜井市に今も残る「忍坂」という地名です。舒明天皇（在位六二九〜六四一）の押坂陵《おさか》にある所として、また允恭天皇（在位四一二〜四五三）の皇后忍坂大中姫命《おしさかのおおなかつひめのみこと》に関係する地名として知られています。

忍坂はかつて高橋が勤務したことがある畝傍中学校の近くであったことからも、銘文入りの鏡を見たいという高橋の欲望はいやがうえにも高まりました。ちょうど奈良県の史跡調査会が例年通り、八月初旬に開かれることになっていたので、その例会に出席したあとで、高橋と関野と奈良女子高等師範学校の佐藤小吉の三人は隅田八幡宮を訪れ、鏡を実見することにしました。高橋に同行した関野貞は法隆寺非再建論で喜田貞吉と論争した建築史家です。一九一〇年以降、東大教授として平城宮址の発掘調査でその名を知られています。

さて、「在銘最古日本鏡」と題した考古学学会で発表した高橋健自の講演の一部を『考古学雑誌』第五第二号から紹介します。

実物を見ますと真に考古学上海内無比の珍しい好資料でありまして、後に古史記載の欠陥を補うべき極めて有益な遺物で、如何にしてかくの如き結構なものが未だ国宝中に登録されないのか驚いていたのであります。御覧の通り紐は至って大きく、内区に一〇ほどの人物が居ります。その次に六朝鏡に多く見る如き方形と半円形とが交互に配置されてありまして、例の鋸歯紋帯や櫛歯紋帯があって、縁に近く銘帯があるのであります。

一体日本の古墳から発掘される鏡の中には日本で鋳造されたと認むべきものが折々あることは、私も嘗て論じたことがありますが、この鏡の内区の手法や小さな方形の中の文字類似のもの等も即ち我々が従来日本で出来たことを認めるべき点と考えて居りましたところに一致して居りますが、更に銘文を読んでみますと益々日本で鋳造されたことが立派に判るのであります。

こうして高橋と二人の同行者は次のように判読しました。

癸未年八月十六、王年□弟王、在意柴沙加宮時、斯麻念長、奉遣開中費直、穢人今州利二人等所、白上同二百かん、作此□

そして次のように読み下しました。

癸未の年の八月十六日、王年□王という方が在意柴沙加の宮に居られる時、斯麻念長と申す者が、開中費直と穢人の今州利と申す二人等をして、白い上等の銅即ち良質の白銅二百旱を以ってこの鏡を作らせた。

### ❖鏡はいつどこで作られたか

高橋健自は帰郷後、さっそくこの鏡がいままで文献上取り上げられたことがあったかどうか調べてみました。すると吉田東伍の『大日本地名辞書』の「紀伊伊都郡　隅田八幡宮」の項に次のように書かれています。

隅田八幡宮は本郡の名祠なり、供僧を置き殿屋壮麗他の諸村に比す可らず。什宝古鏡一面あり、相伝へて神功皇后韓国より収め給うものと云う。其古鏡を観るに径五寸三分蒼然たる青緑の銅にて黄色を含む、緑薄く背面の紋奇工稠蜜にして文字すべて四九字あり古体にして読むべからず。

高橋はさらに『紀伊国名所図会』（一八一一＝文化八年）を見ると岩瀬広隆の模写した実物大の絵が載っています。『紀伊国名所図会』は紀伊国藩主一〇代徳川治宝《はるとみ》の許可のもとで編纂が開始された史書です。徳川一〇代将軍家治《いえはる》の世に癸未年（一七六三年＝宝暦三年）があったことからも、隅田八幡鏡に深い関心をよせる原因になったのかもしれません。

ところでこの隅田八幡鏡に関してビックリするような話があります。隅田八幡神社の鏡は、実は『紀伊国名所図会』の完成する嘉永四年（一八五一）から一七年前の天保五年（一八三四）、紀ノ川のほとりの妻村の粘土採掘現場から唐櫃《からびつ》に入った状態で見つかりました。その鏡が八幡宮に奉納されたという村の言い伝えを、在地の橋本町教育委員会に勤務していた生地《おいじ》亀三郎という人がガリ版刷の冊子にして関係者に配りました。昭和二九年（一九五四）の話です。

この冊子は特別話題になりませんでしたが、当時、国学院大学教授で神道学者の西田長男は生地亀三郎の冊子『国宝人物画像経の出土地「妻の古墳」の研究』を論評しました。

その論評は神功皇后伝来の視点からみた粘土採掘現場出土疑問説でした。いっぽう八幡宮の研究で有名な宮地直一（一八八六〜一九四九）がすでに昭和八年（一九三三）鏡が伝来したものかどうか調べるため内務省調査官の立場で隅田八幡神社を訪れましたが立証することはできませんでした。

さて高橋健自はこの鏡の「癸未年」を『日本書紀』の年紀と『古事記』に書かれている天皇崩御の干支から計算して、ともかく次の表のように西暦を割り出しました。

| 日本紀年紀 | 古事記崩年より推定 | 支那 | 西紀 |
|---|---|---|---|
| 推古　三一 | | 唐皇祖武徳　六 | 六二三 |
| 欽明　二四 | | 陳武帝天喜　四 | 五六三 |
| 武烈　五 | 雄略崩己巳後一四年 | 梁武帝天監　二 | 五〇三 |
| 允恭　一六 | 允恭崩甲午前一一年 | 宋武帝元嘉　二〇 | 四四三 |
| 仁徳　七一 | 応神崩甲午前一一年 | 東晋孝武大元　八 | 三八三 |
| 仁徳　一一 | 仲哀崩壬戌後二一年 | 東晋明帝太寧　元 | 三二三 |

## 2　神人歌舞画像鏡《しんじんかぶがぞうきょう》

### ※山田孝雄の実見

高橋健自は文献考古学的手法を駆使して隅田八幡鏡の銘文の解読と癸未鏡の時代を割り出そうと努力しましたが、その結果は十分なものではありませんでした。高橋が講演内容を発表した翌年、国語国文学者の山田孝雄《よしお》（一八七五～一九五八）は、高橋と同じ『考古学雑誌』の第五巻第五号（大正四年一月五日発行）に「隅田八幡蔵古鏡につきて」と題して「実見記」を発表しました。

山田の「実見記」によると、山田は以前からこの鏡に日本式文章のあることを噂に聞いたのですが、今回、東京帝室博物館にその実物が来たというので、鋳金《ちゅうきん》工芸家として知られている香取秀真《かとりほつま》とともに上野の帝室博物館を訪れたのです。二人が訪れたのは大正三年（一九一四）一二月四日ですから、高橋健自が論文を発表して三ヵ月も経っていません。鏡は橋本の隅田八幡宮から上野の帝室博物館に移管されたことがわかります。

山田孝雄の関心は銘文解読よりむしろ鏡の文様でした。山田が実見で得た印象は高橋の講演記録や絵葉書を見て想像したのとはかなり違っていました。山田は「百聞は一見にしかず」であったといいます。しかも鏡は風俗を表したものではなく、日本人が考案したものでもない。かつて以前にどこかで見たような気がする文様であると山田は直観しました。

山田は黙々として帰途につくや、確かにかつて見たことがあると思う本を自分の書庫内に探し回っているうち、ふと、香取から借りた高橋の名著『鏡と剣と玉』で見たことを思い出しました。鏡の文様は『鏡と剣と玉』の四頁にある第一図の古鏡でした。

## ❖郡川西塚古墳出土の鏡

高橋健自が本に掲載した鏡の実物は、隅田八幡鏡が模作したと思われる同型の一つ、八尾市郡川西塚古墳出土の神人歌舞画像鏡でした。川西宏幸《ひろゆき》たちの研究でこの同型鏡は大阪藤井寺市の長持山古墳や東京都狛江市の亀塚古墳から出土したものを含め、これまで一二面が明らかになっています。

山田の「実見記」の末尾に高橋健自の付記があります。日本考古学会は現在も帝室博物館を引き継いだ国立博物館にありますが、明治四三年（一九一〇）、一時期、高橋は考古学会の事務所を自宅に移して『考古学雑誌』の編集にあたっていました。編集は亡くなる直前まで続けていたというのですから、高橋は山田の「実見記」に気楽に自分の感想を追加することができたのでしょう。それは次のような内容でした。

山田氏の文中拙著『鏡と剣と玉』の第一図とあるのは、河内国中河内郡中高安村郡川の古墳より発掘せられたる鏡にして、今東京帝室博物館の列品たり、ここに詫影を揚げ読者の参照に供することとなしぬ。

山田氏の文に、隅田八幡宮古鏡を論じて、「余はこの鏡を本邦特有の図様に寄れるものと見ることは能はず」云々とあるを以って、読者中、或いは予はこの鏡を図様までも本邦特有の微ありと述べたるかの如く誤解せられることもあらむ。

されどこの鏡図様の我が国独創に成りしものあらず、全く支那風なるは改めて論ずるまでもなきことにて、苟くも支那と離れて我が古俗の一端を表わしたりと認めたらんには、予豈敢えて黙々として止むものならんや。予が之を本邦作製と考定したるは、銘文以外に、この図様を表出せるその手法に特色あるを認めたればなり。

すると山田孝雄の隅田八幡鏡が他の鏡を模倣したのではないかという想定は、『鏡と剣と玉』の四頁第一図の鏡が河内国中河内郡中高安村郡川古墳から出土したものであることを高橋健自が認めているのですから、山田の「実見記」はとても価値のあるものと言わなければなりません。高橋が模写した実物は国立博物館に保存されていますが、現在、国立博物館資料室のファイルボックスから写真を自由に取り出して見ることができます。写真から実物は左右二ヵ所に扇型に大きくヒビが入っているのがわかります。

山田の描写がきわめて精確でかつ的確であるのも、高橋の精細な模写図によって可能になったのでしょう。山田は結論として隅田八幡鏡はわが国特有の図ではなく、当時、工人が種々の鏡の図様を参考にして作製したものと推定しました。

## ❖一二面の同型鏡

山田孝雄は考古学者ではなく国語国文学者でしたが、隅田八幡鏡が他の鏡を模倣していることを指摘してきました。山田の指摘は、模倣した鏡が河内国中河内郡中高安村郡川（現八尾市郡川）から出土した神人歌舞画像鏡であることを強く印象づけました。

神人歌舞画像鏡の同型鏡は現在まで一二面見つかっています。隅田八幡鏡が模倣した一二面の同型鏡が出土した古墳の年代がわかれば、隅田八幡鏡の年代もおおよそ推定できます。『日本古墳大辞典』（東京堂、大塚初重編、一九八九年）では、長持山古墳は五世紀後半、狛江亀塚古墳は六世紀初頭と推定されています。

川西宏幸は「同型鏡とはただ一つの原型があって、これから複数の笵をとり、そうして一笵一鏡の原則で鋳造した製品の総体をいうはずである」と指摘しています。一笵一鏡の「同型鏡」と一つの笵から幾つかの鏡を鋳造する「同笵鏡」の違いを指摘した川西の研究は示唆的です。河西の『同型鏡とワカタケル』の第四章「画像鏡『神人歌舞鏡』」によれば、神人歌舞画像鏡は出土地が伝わっていない三面のうち二面は根津美術館の所蔵品です。出土地のわかっている神人歌舞画像鏡を含めた一二面は次の通りです。

○郡川西塚古墳鏡（大阪府八尾市）
○長持山古墳鏡（大阪府藤井寺市沢田三丁目）
○トツカ古墳鏡（京都府京田辺市飯岡小字小山）
○西塚古墳鏡（福井県三方上中郡若狭町脇袋）
○亀塚古墳鏡（東京都狛江市和泉）
○秋山諏訪山古墳教（埼玉県本庄市児玉町）
○朱千駄古墳鏡（岡山県赤磐市穂崎）
○番塚古墳鏡（福岡県京都《みやこ》郡苅田《かんだ》町大字尾倉）
○伝大阪府郡川鏡
○出土地不明根津美術館所蔵鏡二面
○出土地不明鏡

❖長持山古墳

神人歌舞画像鏡が出土した郡川西塚古墳（八尾市郡川一丁目）は、近鉄信貴山口駅からほど近い生駒山地高安山の麓に分布する高安古墳群の一つです。約二〇〇基の古墳が集中している高安古墳群は畿内を中心に築造された群集墳の一つです。南の金剛山地西山麓の一須賀古墳群などもその一つです。六世紀前半から後半にかけ、山畑古墳・高安古墳群・平尾山古墳群・飛鳥千塚・一須賀古墳群が生駒・二上山系の西麓に、陶器千塚・信太《しだ》千塚古墳群が和泉に出現します。

平尾山千塚に近い高井田横穴群や一須賀古墳群からは百済人特有の炊飯器が出土し、一須賀古墳群の一七号墳から出土した環頭太刀は武寧王陵出土の環頭太刀とソックリです。一須賀古墳群の二号墳はドーム型ですが、百済武寧王陵も同じ型です。明治三〇年、W・ゴーランドが高安・千塚の二室塚古墳を写真に撮り「双室ドルメン」として紹介しています。

ところが全長六〇メートルの北向きの前方後円墳で六世紀初頭の築造とされる郡川西塚古墳ですが、明治三五年（一九〇二）の農地開墾の際に石室から多数の埋葬品が発見されました。しかし調査資料がないので神人歌舞画像鏡がいつ発掘されたのかその経緯もわかっていません。

大阪府藤井寺市の長持山古墳は市野山古墳（伝允恭天皇陵）の陪塚《ばいちょう》とされ、径約四〇メートルの円墳です。長持山古墳から出土した家形石棺二基が市立道明寺小学校（土師ノ里駅下車）の校庭（裏門の外側近辺）に展示されています。

市野山古墳は近鉄南大阪線の土師ノ駅から北へ徒歩五分のところにあり、墳丘部を南に向け、線路を挟んで墳丘部を北に向けた仲津山古墳（伝仲津媛陵）と互いに向き合っています。仲津山古墳の南隣に誉田《こんだ》山古墳（伝応神陵）があります。仲姫《なかつひめ》は『日本書紀』「応神紀」に応神天皇の后と記されています。

長持山古墳は昭和二一年に発掘調査が行われ、縄掛突起の家形石棺、衝角付冑、挂甲、鞍金具、馬具なども出土しました。二基の家形石棺は九州の阿蘇山出の溶結凝灰岩をくり抜いた刳《くり》抜《ぬき》式家形石棺です。古墳の年代は五世紀後半以降と推定されていますが、肝心の神人歌舞画像鏡は、なぜかボストン美術館の所蔵となっているといいます。

『紀伊国名所図会』に掲載された岩瀬広隆の模写した隅田八幡鏡と、高橋健自の模写した郡川西塚古墳出土の神人歌舞画像鏡を比べてみると、坂元義種が『東アジアの古代文化』（八七号、一九九六年）掲載の「隅田八幡神社人物画像鏡の銘字について」の後半で書いた次のことがよく理解できます。

隅田の鏡は紐をめぐって内区を乳（小さな輪）四分割している点は似ているのだが、図を書くのが苦手だったのか、神人の配置はばらばらで、そのため乳の位置も狂ってしまった。神人の合計は乗馬の者を含めて九人、それと馬一匹で、神人二人減ったことになる。しかしできるだけ似せて作ろうとした気配はあるのだが、うまく描けないために似ても似つかぬものまで出来てしまった。おそらく一枚ずつ貼りつけたのであろうが、配列を間違ってしまったり、左右が逆になったりで、モデルの神人は散散な目にあっている。

## 3 「癸未年」論争

### ❖「記紀」の落とし穴

ところで本書の扉に掲載した隅田八幡鏡の銘文読解と考古学者の高橋健自の八幡鏡銘文のそれとはかなりの隔たりが感じられます。この隔たりは「癸未年論争」に見られる多くの研究者や学者に共通する課題です。正しい解答は一つのはずですが、さまざまな説や意見が多様に対立して現在に至っています。

一体全体なにが問題なのでしょうか。唯一頼るべきはずの「記紀」からは当初「意柴沙加宮」という地名以外に何一つ手がかりを得ることができなかったことです。のち、『日本書紀』では男大迹王《をほどのおおきみ》、『古事記』では袁本杼命《をほどのみこと》と記され、有力な手がかりとなりますが、それだけ「記紀」に執着せざるを得ず、解決の糸口がかえって複雑にもつれることになったのです。

加えて「甲・乙・丙・丁・戊・己・庚・辛・壬・癸」の十干と「子《ね》・丑《うし》・寅《とら》・卯《う》・辰《たつ》・巳《み》・午《うま》・未《ひつじ》・申《さる》・酉《とり》・戌《いぬ》・亥《いのしし》」の十二支の組み合わせによる六〇年に一度干支が巡ってくる「干支記年法」では、ある人物、ある事件、ある時を特定するには状況証拠（考古学・文献資料など）がなければとてもむずかしいのです。

さらに「記紀」編纂者は「干支記年法」の利点を生かして「虚」と「実」をたくみに折りませて、「干支一運＝六〇年」をサイクルとする天皇紀を作ったのですからなおさらのことです

（『干支一運60年の天皇紀』えにし書房、参照）。

それではもう少し具体的に隅田八幡鏡の「癸未年論争」を検証します。坂元義種が作成した「隅田八幡人物画像鏡の銘文解読比較表」に癸未年をめぐる各説がまとめられています。この一覧表は一九八〇年に光文社から発行された『ゼミナール　日本古代史上・下』（編集委員　上田正昭・直木孝次郎・森浩一・松本清張）所収の「隅田八幡神社の人物画像鏡」にあります。

坂元の一覧表を見て気がつくことは、癸未年は五〇三年説と四四三年説が多いことです。その中で福山敏男だけは三回にわたって五〇三年説を一貫して発表しています。福山説を取り上げる前に、四四三年説の代表格である水野祐説を紹介します。水野説は隅田八幡銘文の記事との関連性から考証しているのでわかりやすいからです。

水野祐は高橋健自の説を紹介し、かつ福山敏男の五〇三年説がもっとも信憑性が高いと評価しながらも、「隅田八幡神社蔵鏡銘文の一考察」（『古代』第一三号、一九五四年）と題して次のような読解文を発表しました。

癸未年八月、日十大王《ジジュウノオオキミ》、與男弟王、在意柴沙加宮《オシサカノミヤ》時、斯麻《シマ》、念長壽、遣開中非費直、穢人今州利二人等、取白上同二百カン、作此□。

水野の説明は次の通りです。「癸未年八月十六日」や「癸未年八月十日」を「癸未年八月」で切り、「日十」を「十日」の誤りとしないで、日十と大王を結合して「日十大王」とします。

この解読は福山敏男と同じく画期的です。そして「日十」を「ジジュウ」と音読します。天皇の一種の尊称と考えたのです。仁徳天皇のオホサザキのオホは「大」の意味で、武烈天皇のヲハツセワカサザキなどのサザキが朝鮮語 Cu-changgu Su-Sun の転訛した語とみて、武《たけの》内宿禰《うちすくね》の「宿禰《すくね》」と同義としました。

次に大王の「年」を「興」にします。「興」の略字の「与」の左文《さぶん》（文字を裏返しに彫ったもの）と判読したのです。もしこれを年と読めば、短文の中で、「癸未年」「大王年」「意柴沙加宮に在しし時」と三度繰り返すことになるので、短文という銘文の性質から不自然とみたのです。そして水野祐は男弟王を単純に「イオトノキミ」と訓読します。

弟妹を男弟・女弟と性別をつけて表現するのが、中国・朝鮮の方法だからです。ここでは「日十大王」とその弟王が共に意柴沙加宮に居たという意味にすぎません。「斯麻、念長壽」は福山敏男が指摘する通りにします。しかし「開中費直穢人」と続けて読むのは誤りとし、穢人は今州利を修飾する語で、「百済系帰化人の」という意味に解釈します。

## ❖「日十大王」は允恭天皇？

「日十大王」と「男弟王」の正体が問題解決の焦点であることは水野祐にも異論がありません。そのため「意柴沙加宮」が大和国磯城郡城島村大字忍坂の地とすれば、その地に関係する天皇家の古史をみなければなりません。問題は允恭天皇（在位四一二〜四五三）の正妃になる忍坂大中姫です。

『日本書紀』「允恭紀」二年二月条によると姫は当初園地に囲まれた母方の邸宅で成長し、その家に闘鶏《つけの》国造《くにのみやつこ》が立ち寄ったとあり、その家は名張越えの沿道で、姫は古の大和国城上郡忍坂郷の本貫地としていたに違いないと水野は考えたのです。

水野によれば当時の慣習では婚姻は婿入婚の形式であったので、允恭天皇は忍坂の姫の家に住んだとしてもおかしくはありません。その場合、允恭天皇の尊称が宿禰で、朝鮮古語 Su-Sun（ジジュウ）に由来するとすれば、允恭天皇を「日十大王」すなわち「宿禰天皇」といってよいし、また天皇が皇后のもとに住んでいたしても不都合ではないからです。

允恭天皇は仁徳天皇と正妃磐之媛尊《いわのひめみこと》の間に生まれた履中・反正に次ぐ末弟ですが、仁徳と第二妃日向《ひむ》髪長媛《かのかみながひめ》との間に大草香皇子がいたので、この皇子が允恭天皇の異母兄弟ということになります。

「日十大王」が允恭天皇だとすれば「男弟王」はこの大草香皇子にあたります。そして水野は「書記に記されているように允恭天皇は即位するほど病弱であったので、皇后と異母兄弟の大草香皇子が忍坂皇后の邸宅のある意柴沙加宮で政務を執った。允恭天皇は皇后や諸部族合体の族長に支えられていた」と想定します。

おそらく族長のひとりである斯麻なる人物は、百済帰化人の可能性があり、斯麻は鏡の呪力を信じ、天皇のために鏡を仿製（模倣）して天皇の長寿を願ったにちがいありません。それゆえ、斯麻は鏡鑑鋳造法を心得た配下の河内直と穢人の今州利の二人を遣って鏡を鋳造させたと、水野は考えました。そして水野祐は福山敏男の癸未年＝五〇三年説を次のように批判しました。

福山博士は私の立場とは全く逆に「男弟王」を男大迹王と解して、『日本書紀』継体天皇の記載を修正する態度をとっている。しかし継体朝は古代史上極めて複雑重大な時期であり、かつ『日本書紀』のこの時代に関する記載は混乱があり、継体天皇紀の全般についての資料は不確実で専ら百済本紀などの外国史料に基づいて年立を設け成文したと書紀編者自ら告白しているので俄かに信じがたい。

那珂博士はその訂正紀年で継体天皇の即位は書紀紀年をとっていられるが、吉田東伍博士は継体即位を西紀五一八の戊戌年すなわち書紀紀年継体一二年に下げ、原勝郎博士の訂正紀年ではそれを西紀五三一年の辛亥年、即ち書紀紀年では恰も継体崩年に相当する年代まで引き下げるという具合に、多くの紀年継体即位を遥かに引き下げている。

私の訂正紀年では逆に西紀五〇〇年庚辰年に繰り上げざるを得ないとするのであるが、そうすれば西紀五〇三年の癸未年に「男弟王」は「男弟大王」と書くべき筈で到底福山説を承認することはできなくなる。

それのみならず、記紀の記載及びその前後の事情を考慮に入れて、大伴氏の継体天皇擁立を究明するならば、継体天皇は大伴連金村によってまったく大和国外の地より迎えられて即位された事実を承認しないでいられぬ事情がある。『古事記』は近淡海国、『日本書紀』は越前三国より迎え入れたと説くのは、強《あながち》排け得ない。

さて、水野の癸未年＝四四三年説に対して福山敏男が三回目に発表した一九一五年（昭和五〇）の論文「隅田八神社蔵鏡の銘文」（上田正昭編『日本古代文化の探求・文字』に収録）から引用します。福山敏男（一九〇五〜一九九五）は京都大学工学部教授として寺社建築に関する研究の第一人者でかつ江田船山古墳出土の銀象嵌銘立太刀や稲荷山鉄剣銘文の解読にも大きな業績をあげています。福山敏男の解読文とは次の通り四八文字の明解そのものです。

癸未年八月日十大王年、男弟王在意柴沙加宮時、斯麻、念長奉、遣開中費直穢人今州利二人等、所白上同二百旱、所此竟

そして福山は次のような釈文を作りました。

癸未の年八月、日十大王の年、男弟王が意柴沙加宮（忍坂）の宮に在《ましま》した時、斯麻が、念長奉、開中費直穢人今州利二人等をして、白上（精良）の銅二百旱を択び取って此の鏡を作らせた。

さらに福山敏男は釈文について次のように解説しています。

私ははじめ「癸未年八月日十、大王年」と区切ったが、ただ漫然と「大王」とあるのは落ち着かないのと、「十日」を「日十」と書くのは歌謡の場合ならともかく、四角ばった銘文としてはおかしいと考え、「癸未年八月、日十大王」と改めた。その場合は「日十」（曰十か）は大王の名か号かということになろう。男弟は普通名詞か固有名詞かという問題がある。

「『魏志』倭人伝」に卑弥呼に「男弟」があって国政をたすけたとある例を参照すると、男弟王（後世の用語で皇太弟か）のこととしてもよいのかもしれない。しかし後世にのこる文章としては、帝王以下の人なら、その人の名を出す方が自然である。「男弟」を音読みのナデとするより、訓読みでヲオトとしたらどうか。

『上宮紀』の乎富等《ヲフト》王、『古事記』の袁本杼命《ヲホドノミコト》、『日本書紀』の男大迹王《ヲホドノオオキミ》を私はこのヲフトにあてたが、ホトとトの音の相違に難点があることを注意された。なるほどそうであろう。

しかし『古事記』の開化天皇条の意祁都比売命《おけつひめ》、安康天皇条以下に見える意祁《オケ》王（仁賢天皇）と袁祁《ヲケ》王（弟）（顕宗天皇）の例があり、大をオ、小をヲとしている用例からすると、「大」はオとも読めるし、『日本書紀』の「大迹王」はヲオトと読めないこともなかろう。

## ※銘文の「男弟王」は継体天皇

福山敏男は銘文の「斯麻」は人名で男弟王の家司の役目を務めた人と考え、そこで高橋健自が「斯麻念長」と読み、神功皇后四六年（二四六）の斯麻宿禰と結びつけたのを、福山は「斯麻」と「念長奉」に切り離しました。また斯麻の部下と思われる二人は「開中費直《あたい》」と「穢人今州利」とすることができるが、「穢人」を名とみて「開中費直穢人』「今州利」の二人としました。癸未年については、福山は五〇三年説をたて、次のように考えたのです。

> 　もし当時は仁賢天皇の治世であったとすれば、同天皇は先代顕宗天皇の弟であり、ほかに弟はいない。あるいは次の武烈の治世とすれば、同母弟にマワカ王がある。この場合は忍坂宮や刑部の利権が忍坂大中ツヒメから子の安康天皇に、同天皇から弟の雄略天皇の子マワカ王に伝えられたと見ることができる。またもし私の旧稿のように、「男弟王」をヲオト王と読み、それをヲオホト王→ヲホト（継体天皇）に比定し得れば、仁賢天皇または武烈天皇の五〇三年ということになる。
>
> 　このようにして、今のところ、四四三年説と五〇三年説が有力かと思われるが、一層下った五六三年（欽明天皇治世）、六二三年（推古三一）とすることは絶対に考えられないという理由もない。隅田八幡神社のすぐ横にある八幡塚は横穴式石室をもつ後期末頃の古墳という。この鏡がもし八幡塚から出土したものであれば、下限は相当に降ってよいことだろう。

　戦後ではこの鏡が百済で作られたもので、銘文の「斯麻」を武寧王（斯麻王、五〇一年から即位）に当てる説も提示された。しかし在位の王ならば、せめて「斯麻王」という敬称がほしいものである。「斯麻」というように、はだかのままの言い方をするのはどうかと思われる。

引用文中の末尾で福山は「鏡を贈ったのは武寧王だから、王としての敬称がないのはおかしい」と頭をひねっています。この問題は他の学者・研究者からも指摘され、「日十大王」の特定に障害になりましたが、のちに在野の古代史研究者石渡信一郎の解読によって「日十大王」＝昆支＝倭王武（＝応神天皇）であることが明らかにされたので、武寧王が「日十大王」の子であり、「男弟王」の甥であれば、敬称がなくてもなんら不思議ではないことがわかったのです。

福山は「日十大王」が誰かは特定していませんが、一九三四年に発表した『考古学雑誌』（第二四巻第一号）の「江田発掘大刀及び隅田八幡神社の製作年代について」の論文で「日十大王」を仁賢天皇（在位四八八〜五三一）としています。

「日十」の読み方については、一九五四年に平凡社から出版された『書道全集』（第九巻）の「隅田八幡鏡銘」（図版解説・釈文）では「ヒソ」と呼び、また「日十」の場合は「オソ」と考え、大王を仁賢天皇としています。これら福山説を軸に他の研究者の説と比較するとその違いがよくわかります。福山敏男の銘文解読は、福山が「記紀」に慣れ親しんだ歴史学者であったならこれほどまでに正解に近づくことができなかったでしょう。

## ❈神田秀夫の「日十」を「クサカ」と読む説

隅田八幡鏡銘文四八文字のキーワードは「癸未年八月」「日十大王」「男弟王」「意柴沙加宮」「斯麻」「開中費直」「今州利」の七つです。これら七つの言葉をつなぐと次のようになります。「癸未の年八月、日十大王の世に意柴沙加宮に住んでいた男弟王に斯麻という人物が王の長寿を願い家臣の開中費直と今州利に鏡を作らせた」という五W一Hが完全に揃った文章になります。しかも「日十大王」をのぞいては福山説によって、キーワードのほぼ九〇パーセントが判明したといってよいでしょう。

しかし銘文の中心的存在である肝心の「日十大王」の解明こそ、日本古代史を真に理解する最大の分岐点になっています。「日十大王」という名は「記紀」に手掛かりはありません。もしあるとすれば『古事記』は序文に太安万侶が「『日下』をクサカと訓《よ》ませ、名で『帯』をタラシと訓ませるなど、こういう類例は従来に記述に従い、改めませんでした」としたように「日下」と『古事記』記載の「大日下王」です。

国語学者の神田秀夫は一九五九年『古事記の構造』（明治書院）で「日下大王」の「日十」を「クサカ」と読んでいます。しかし神田は「癸未年を四四三年として「日下大王」を『日本書紀』「仁徳紀」の仁徳と妃の日向髪長媛との間に生まれた大草香皇子としています。先述しましたが、水野祐は大草香皇子を「男弟王」としています。

このように八幡鏡銘文がもっている重大な意味が解読不能になって現在に至っているのは

この「日十大王」がわからないからです。鏡を貰った人物は「男弟王」ですが、時の大王は「日十大王」です。ではその「日十大王」とはいったい「いつ」「どこ」の「だれ」でしょうか。そして「日十」をどう読んだらよいのでしょうか。

その秘密の解明には在野の古代史研究者石渡信一郎を待たなければなりません。石渡の驚くべき発見と解釈については「第四章　応神陵の被葬者百済の王子昆支」で説明します。

# 第二章　継体天皇はどこから来たのか

## 1　『日本書紀』「継体紀」

### ❖「武烈紀」四年に記事

継体天皇＝「男弟王」の正体を明らかにする前に、本書扉に掲げた隅田八幡鏡の解読文を改めてここに引用します。文中カッコ内は石渡信一郎の解読によります。さて、この解読文と「記紀」との整合性を検証することにしますが、検証のポイントは五〇三年（癸未）当時、「男弟王」＝継体が桜井の忍坂に住んでいたかどうかということです。

> 癸未年《きびねん》（五〇三）八月、日十《ソカ》大王（昆支）の年（世）男弟王（継体）が意柴沙加宮（忍坂宮）に在《いま》す時、斯麻（武寧王）は男弟王に長く奉仕したいと思い、開中（辟中）の費直《こうりちか》と穢人今州利を遣わし、白い上質の銅二百旱を使って、この鏡を作らせた。（石渡信一郎解読文）

先にも触れましたが、読んでおわかりのように、隅田八幡鏡銘文は「いつ、どこで、だれが、なんのために、どのようにしたのか」（五W一H）がそろった完璧な金石文です。それゆえ「記紀」との整合性を検証することは容易なはずでした。しかしそれがいかに困難であったかは前章で述べた通りです。五〇三年というと武烈天皇（在位四九八～五〇六）にあたるので、まず、『古事記』の「武烈紀」から見ていくことにします。

> 小長谷《おおはつせ》若雀《わかさざき》命は長谷《はつせ》の列木宮《なみきのみや》にいらっしゃって天下を治めること八年であった。この天皇には皇太子がいなかった。御陵は片岡の石坏岡《いわつきおか》にある。天皇が亡くなったのち、皇位を継ぐべき皇子がいなかった。それで、品太《ほむた》天皇の五代孫の袁本杼命《をほどのみこと》を近江国から迎え、仁賢天皇の皇女手白髪命《たしらかのみこと》をめあわせて天下を授けた。

武烈天皇の和風諡号は雄略天皇の「小長谷若建命」（『日本書紀』は大泊瀬幼武《おおはつせわかたけ》）と仁徳天皇の「大鷦鷯《おおさざき》」を合わせた名であることがわかります。文中のキーワードは「泊瀬の列木宮」ですが、「泊瀬」に焦点を絞ります。

泊瀬は『日本書紀』「雄略紀」に二度も登場する初瀬川（大和川の上流）流域の桜井市大字慈恩寺以東の地と推定されています。現在の近鉄大阪線大和朝倉駅の一帯と思っていただければわかりやすいでしょう。北は三輪山山麓、南は大伴皇女や舒明天皇の墓がある忍坂《おっさか》、西は桜井市、東は近鉄線の長谷寺駅です。言ってみれば忍坂にほぼ接している地域です。

次章でも明らかにしますが、『宋書』「倭国伝」記載の倭の五王「讃・珍・済・興・武」の年代と『日本書紀』の仁徳・履中・反正・允恭・安康・雄略・清寧・顕宗・仁賢・武烈の一〇人の在位年代と重なっていることから、これら一〇人の天皇の不在説が出されています。とすれば武烈天皇の和風諡号「小長谷若鷦鷯命」も仁徳から雄略を経て武烈まで架空の天皇であることを暗示しています。

事実、この一〇人の天皇に関する『日本書紀』の記述の虚・実を選り分けなければ、隅田八幡鏡との整合性を検証することは不可能です。そのもっとも具体的な例として、武烈天皇（在位四九八～五〇六）について書かれた『日本書紀』「武烈紀」四年（五〇二）条を検証します。便宜上AとBの符合を付します。

A　四年夏四月人の頭髪を抜いて、梢に登らせ、樹の根を斬らせて倒して、登っていた者を落として殺すのを楽しみとした。

この年、百済の末多王は無道であって、人民に暴虐な行いをした。国民はついに末多王を排除して島王《せまきし》を立てた。これが武寧王である。〔百済新撰に「末多王は無道であって、人民に暴虐な行いをした。国民はみな末多王を排除して武寧王が立った。これは琨支王子《こにきし》の子である。そうして末多王の異母兄である。昆支が大和に参向した時、築紫島に到着して、斯麻王を生んだ。島から送還したが、京に着くまでに島で生まれた。そこで島の名をつけたのである。今、各羅《かから》の海中に主島《にりむしま》がある。王が生まれた島である。そこで百済人が名づけて主島とした」とある。今考えるに、島王は蓋鹵王の子である。末多王は琨支王の子である。これを異母兄というのは未詳である〕

引用文中の斯麻＝島王は、五〇一年に即位して五二三年に死去した百済武寧王のことです。男弟王＝継体天皇が五〇七年に即位して五三一年に死去していることは『日本書紀』「継体紀」からも明らかです。「武烈紀」の割註は武寧王（余隆）＝斯麻＝島は昆支の子であると『百済新撰』を引用していますが、島王は蓋鹵王《がいろおう》の子であるとも書いています。このように「武烈紀」四年から武烈が死去するまで八年までの記事は「虚」と「実」とが入り混じっています。

B　五年の夏六月、人の池を他の堤の樋《ひ》に伏せて入らせ、外に流れ出るのを、三叉の矛で刺し殺すのを楽しみとした。（略）冬の一〇月百済国は麻真君《まなきし》を派遣して朝貢した。天皇は百済が貢物を納めていないと思って、麻真君を返さなかった。

七年春二月、人を樹に登らせて、弓で射落として笑った。夏四月百済王は斯我君《しがきし》を派遣して朝貢した。別に上表文で「以前に調を進上した使者麻那は、百済王の一族ではありません。それゆえ、斯我を派遣して朝廷に伺候させます」と申し上げた。こうして斯我に子が生まれ、法師君といった。これが倭君《やまとのきみ》の祖である。

八年三月、女を裸にして平板の上に坐らせ、馬を面前に引き出して交接させた。女の陰部を見て、潤っている者を殺し、潤っていない者は召し上げて官卑とし、これを楽しみとした。

武烈七年（五〇五）は武寧王（余隆）が即位して四年目です。武烈天皇が架空の天皇であれば、百済王から朝貢を受けた日本の天皇は隅田八幡鏡文の「日十大王」か倭の五王「讃・珍・済・興・武」の倭王武でなければなりません。なぜなら『梁書』「倭国伝」に「五〇二年、倭王武に鎮東大将軍から征東将軍に進められる」と書かれているからです。

そして引用文Aの割註は昆支が武寧王の父であることを明記していますから、隅田八幡鏡銘文に刻まれた日十大王と男弟王と斯麻（島）の関係から日十大王が島＝武寧王の父と考えられ、武寧王が鏡を贈った叔父の男弟は日十大王の兄弟、すなわち弟王と考えることができます。また引用Bの武烈七年四月の記事について、石渡は『倭の五王の秘密』で、君＝国王、麻那君＝末多王、斯我＝昆支、法師君＝斯麻（僧・法師）王＝武寧王だが、記事そのものはフィクションとしています。

## ❈『日本書紀』（継体紀）

以上の事柄を念頭に『日本書紀』（継体紀）を読むと、いままで漠然として筋が通らなかった「継体の出自」「四県譲渡」「磐井の反乱」の記事が、ある一定の因果関係をもって浮かびあがってきます。まず即位前期の冒頭に書かれた男大迹王こと継体の出自から始めます。

男大迹王《をほどおう》天皇は、またの名を彦太尊。天皇は誉田天皇の五世孫彦主人王《ひこうしおう》の子である。母の振媛は活目天皇（垂仁天皇）の五世孫である。父彦主人王は、近江国高島郡の三尾の別業《べつどころ》から使者を遣わして、三国の坂中井《さかない》に迎えて妃とし、男大迹を生んだ。男大迹王は幼小の頃、父が亡くなった。そこで母振媛は男大迹王を連れて母の実家の高向に戻った。

男大迹が五七歳になったとき、武烈天皇が亡くなった。武烈には男子も女子もなく後継ぎは絶えるはずであった。そこで大伴金村大連は足仲彦天皇（仲哀天皇）の五世孫の倭《やまと》彦王が丹波の桑田郡にいることを知っていたので、大臣・大連の同意をえて倭彦王を天皇として迎えるために軍兵を派遣した。しかし倭彦王は恐れをなして山の中に姿を消してしまった。

年が明けた正月四日、大伴金村は「それでは男大迹がよい」と物部麁鹿火《もののべのあらかい》大連・許瀬男人大臣らの賛同をえて、節旗《しるし》と御車を用意して三国まで迎えに行った。ともあれ、大臣・大連らの熱心な勧誘によって、男大迹は天皇になることを承諾した。

その月の一日、男大迹は樟葉《くすのき》宮に到着した。二月四日、大伴金村が天子の鏡・剣の御《み》璽《しるし》を奉る時になって、男大迹はまた辞退した。しかし大伴金村が執拗に食い下がったので男大迹王はついに御璽を受け、丁亥（五〇七）三月三日ついに即位した。

継体の即位前紀からわかることは、男大迹（継体）が応神天皇の五世の孫で父の彦主人王は早世し、母振媛の里で養育され、五七歳の時即位したことです。しかし父彦主人の高島郡三尾の別業（別邸）や母振媛の郷里高向の場所について研究者間では長い期間を経て多くの論争がありますが、いまだに見解の一致をみていません。

本書はこれら「記紀」に基づくさまざまな考察・推測・憶測を参考にこそすれ否定はしませんが、普通一般の読者が理解することはとても困難です。したがってここでは「記紀」の虚と実の「実」と思われる事柄と隅田八幡鏡銘文の「男弟王」との整合性をベースに話を進めていきます。

### ※継体天皇の即位と大伴金村

即位するまで一度も「記紀」に登場することのなかった男大迹王が、なぜ突然、時の実力者大伴金村大連に即位継承者として推薦されたのか不可解ですが、男大迹の即位に重要な役割を果たした大伴金村の系譜であれば『日本書紀』にいくつかの手がかりがあります。

大伴金村は大伴室屋を祖父に持ち、大伴談《かたり》を父に持ちます。金村の祖父大伴室屋は「雄略紀」七年（四六四）条に登場する人物です。雄略天皇の命令を受けた大伴室屋は、管理責任者の東漢直掬《やまとのあやつか》をして新漢陶部高貴《いまきのあやのすえつくりべこうき》・鞍部堅貴《くらつくりべけんき》・画部因斯羅我《えかきべいんしらが》・錦部定安那錦《にしきこりべじょうあんなにわ》・訳田卯《をさのぼう》安那《あんな》等を、上桃原・下桃原の三ヵ所に移住させたと書かれています。

金村の祖父大伴室屋は、飛鳥一帯に特殊技術者の集団品部が配置された時のかなり重大な任務をもった長官であったことが具体的にわかります。また『日本書紀』「神武紀」に「神武天皇が日臣《ひのおみ》こと道臣《みちのおみ》を呼んで忍坂邑《むら》に大きな室を造り、賊を欺いて討ち取れ」と命令する場面があります。道臣は賊を平らげて神武東征に大きな役割をはたしています。

この道臣を大伴室屋の祖としている大伴氏は、大和川の上流の三輪山南山麓の桜井周辺を拠点とする軍事氏族であったというのは納得できます。したがって桜井市外山《とびやま》にある桜井茶臼山古墳は大伴氏の奥津城《おくつき》であったと推定さえできます。

どうも大伴氏・垂仁天皇・桜井忍坂の線で隅田八幡鏡銘文の「癸未年日十大王の年、男弟王（桜井）にいた」と結びついているように思えます。というのは平成九年（一九九七）の年の暮、垂仁天皇の墓と推定される行燈《あんどん》山古墳の西側の黒塚古墳から三三面の三角縁神獣鏡が出土しているからです。〔筆者注：石渡信一郎は二〇一六年一に出版した『新訂・倭の五王の秘密』で垂仁天皇の墓を渋谷向山古墳とし、行燈山古墳を倭の五王「讃・珍・済・興・武」の讃の墓としています〕

また二〇一〇年一月一〇日の新聞では、奈良県の桜井茶臼山古墳の再発掘調査で、八一面の銅鏡の破片の中に「正始元年」の年号が入った三角縁神獣鏡が発見されたという発表がありました。出土した三角縁神獣鏡の一部の「是」という文字が高崎市の蟹沢古墳出土の三角縁神獣鏡と同じ鋳型から造られたことがわかったことから、この発表に至ったものです。

桜井茶臼山古墳は大王の墓ではないかという説がありますが、大和川（初瀬川）の上流左岸にある茶臼山古墳は、その南方にあるメスリ山古墳と同じように、三輪山山麓の箸墓・渋谷山・行燈山古墳などに埋葬された崇神・垂仁・讃など大王たちを守った軍団の族長クラスの墓と考えられます。なぜなら大伴氏は加羅系渡来集団の王崇神に随伴した軍事氏族だったからです。

また金村の父大伴談《かたり》は雄略天皇八年（四六四）三月条の雄略が新羅討伐に任命した四人の将軍、紀小弓《きのおゆ》宿禰・蘇我韓子《からこ》宿禰・小鹿火《おがひの》宿禰の中の一人です。

## ※紀ノ川河口右岸の大谷古墳

この新羅討伐では戦死して和泉国日根郡淡輪邑《たんわむら》に埋葬された紀小弓宿禰が主人公です。現在、大阪南部の和歌山県に隣接する泉南の淡輪を『謎の画像鏡と紀氏』の著者である地元の研究者日根輝己は、紀氏がはじめて上陸した地と推定しています。

淡輪には男大迹王こと継体天皇の母振媛の出自とも関係のある、垂仁天皇の皇子五十瓊敷入《いにしきいり》彦命《ひこのみこと》の墓とされる宇土墓（淡輪ニサンザイ古墳）と、西陵古墳という二つの巨大古墳がありま す。

川西宏幸の埴輪年から二つの実年代は四二〇年代から五世紀末までと推定されていますが、地元の研究者からは西陵古墳は紀小弓の墓、淡輪ニサンザイ古墳は小弓の子大磐（生磐）という説が出されています。

日根輝己が紀氏の有力者が埋葬されたとする大谷古墳は、和泉山脈から紀ノ川河口右岸に延びる丘陵の突端に築かれた全長七〇メートルの前方後円墳です。昭和三二年に発掘調査が行われ、後円部から八ヵ所の縄掛け突起がついた家形石棺、鉄板の馬冑、金銅製の馬具類、衝角付冑、短甲・挂甲、ガラス製の勾玉・管玉などの装身具が出土しました。

特に馬冑は韓国釜山市福泉洞一〇号墳から同類のものが出土しています。また衝角付冑・短甲は仁徳陵の前方部から出土した甲冑と同期のものと推定されています。

和歌山市の東部、紀ノ川左岸の丘陵地帯に和歌山平野が一望できる総数七〇〇基を超える岩《いわ》橋《せ》千塚古墳群という驚くべき数の群集墳があります。その支群の約五〇基の井辺《いちべ》八幡山古墳群中の雄、井辺《いんべ》八幡山古墳（全長八八メートルの前方後円墳）からは韓国慶州の瑞鳳《ずいほう》塚から出土したものと同じ牛やサイの角で作った「角杯」「酒やミルクの入れ物」を背負った埴輪やふんどし姿の力士も計六体見つかっています。

継体天皇の即位の功労者大伴連金村の出自を探りましたが、大伴氏は加羅系渡来集団の当初から軍事師団長として百済系渡来集団の紀氏・東漢《やまとのあや》ら軍事氏族の生成に大きな影響を与えていることが考古学的にも検証されています。

### ❖継体の子欽明と安閑・宣化

天皇に即位した男大迹は「皇子がいないのは困る」という大伴金村の勧めによって、継体元年（五〇七）二月、五七歳の時に手白香皇女《たしらかのひめみこ》（武烈の妹）を皇后に迎え、皇子天国排開広庭をもうけました。「この方は嫡子であるが幼少であった。そこで二人の兄の時世の後に、天下を統治なさった」「二人の兄は、広国排武金日尊と武小広国押盾尊である」と書かれている。

天国押排開広庭こと欽明にはすでに父継体と元妃《はじめのみめ》である尾張連草香の娘目子媛との間に生まれた勾大兄《まがりのおおえ》皇子（安閑）と檜隈高田皇子（宣化）という二人の兄がいます。

安閑と宣化は亡くなった年とその時の年齢と埋葬された陵が記されていますが、皇后手白香から生まれた嫡子欽明は「年若干」と書かれているだけで、何歳で亡くなったのかわかりません。埋葬された陵は檜隈坂合《ひのくまのさかあい》陵（梅田平田山古墳）とされています。それに皇后手白香が架空の天皇仁賢の娘で武烈の妹というのも不可解です。

七一歳で亡くなった兄安閑の陵は河内の旧市高屋丘《ふるいちたかやのおか》陵で、七四歳で亡くなった弟宣化の陵は身狭桃花鳥坂上《むさのつきさかのえ》陵と書かれています。このように出自や姻戚関係がはっきりしない継体天皇ですが、手白香皇女と目子媛を除く残りの七人の妃と本居（実家）をあげると次のようになります。これら残りの七人の妃の本居から継体の正体が明らかになるかもしれません。「↓」は元居です。

①三尾角折君《みおのつのおりきみ》の妹で稚子媛↓近江国高島郡三尾郷説、越前国坂井郡水尾郷説。
②坂田大跨王《さかたのおおまたのおおきみ》の娘広媛↓近江国坂田郡（滋賀県坂田郡）説。
③息長真手王《おきながまてのおおきみ》の娘麻績娘子《おみのいらつめ》↓近江国坂田郡（滋賀県坂田郡息長村）説。河内シナガ（磯長・科長）説。

④茨田連《まんたのむらじ》小望《こもち》の娘関媛→河内国茨田郡説。
⑤三尾君堅械《みおのきみかたひ》の娘→①に同じ。
⑥和邇臣河内の娘荑媛《はえひめ》→奈良県天理市和邇説。
⑦根 王《ねのおおきみ》の娘広媛→越前国坂井郡説。

### ❖継体の虚像仁徳天皇

さて、継体五年（五一一）、天皇は即位した時の楠葉宮《くすはのみや》（推定地、枚方市樟葉丘二丁目の交野天神社、淀川・桂川合流地点）から都を山背《やましろ》の筒城《つつき》に移しました。筒城は京都田辺市多々羅付近と推定されています。淀川の楠葉から木津川左岸に移動したことになります。

考古学者森浩一は、この筒城を近鉄京都線新田辺駅から東方の木津川のほとりの江町という地ではないかと推定しています。ところが継体が遷都したというこの筒城宮は、仁徳三〇年（三四二）条に「熊野に旅行中の皇后磐之媛は、仁徳が矢田皇女と浮気したことが知られ、そのまま帰らず筒城岡の南に宮室を造って住んだ」と書かれている、その筒城宮です。

仁徳三〇年から干支三運（一八〇年）繰り下げると継体一二年（五一八）条に「都を弟国に遷す」とあり、継体一七年（五二三）条に「百済王武寧王が崩じる」と書かれています。「弟国」は山城国乙訓《おとくに》郡で現在の向日市・長岡京市などですから木津川右岸の高槻市の北側に隣接しているので、年はピッタリ合いませんが、記事の内容は類似しているといってよいでしょう。

仁徳は筒城宮に行って磐之媛に謝ろうとしましたが、皇后は天皇に会おうとはしませんでした。仁徳三五年、磐之媛はこの筒城宮で亡くなりました。磐之媛は御所市南西部の葛城に本拠地を置く葛城襲津彦《そつひこ》の娘です。磐之媛は仁徳との間に履中・反正・允恭の三人の天皇を生んでいます。皇后磐之媛が怒って逃避行しようとした先は磐之媛の郷里葛城の高宮でしたが、磐之媛は実家に戻らず新たに造って住んだのが筒城宮です。

磐之媛の父葛城襲津彦については説明を要します。葛城氏の祖と言われる襲津彦は『日本書紀』「神功紀」にも登場します。「神功紀」六二年（二六二）条には「襲津彦」に新羅を撃たせる」とあり、「応神紀」一四年（二八三）条には「葛城襲津彦を派遣して、弓月の民を加羅から呼び寄せようとしたが襲津彦は三年経っても帰国しなかった」と書かれています。いわば葛城襲津彦は倭の五王を象徴する伝説上の人物です。

### ❖倭の五王済の時代

念のために「神功紀」六二年の記事を干支三運（一八〇年）を繰り下げると四四二年の允恭天皇三一年になりますが、類似する記事は見当たりません。しかし四四二年は倭の五王「讃・珍・済・興・武」の珍の（在位四三八〜四四二）・済＝尾張連草香（在位四四三〜四六一）の治世に入ります。また「応神紀」一四年の記事は干支三運繰り下げると百済蓋鹵王の弟昆支が倭王済に婿入りして二年目の四六三年で雄略天皇七年（干支は癸卯）です。

雄略天皇七年条には先に引用した金村の祖父大伴室屋の話と次のような意味深長な記事が載っています。このエピソードは雄略が美人の妻をもつ田狭《たさ》臣を任那国司に任命してその妻を略奪する話ですが、その割註に「田狭臣の妻は葛城襲津彦の子玉田宿禰の娘である。天皇は田狭臣を殺し、その妻を妃とした」とあります。

妻を奪われた田狭臣は新羅に逃げます。雄略は田狭臣の弟君に新羅を撃つように命じますが、弟君は父を討たずに帰国します。ところが弟君の妻の樟媛《くすひめ》は、夫が田狭臣と謀反を図ったことを憎み夫の弟君を殺したというストーリーです。気になるのは「弟君」の「弟」が継体一二年に遷都した「弟国」の「弟」であることや夫の弟君を殺した「樟媛」の「樟」が継体が即位した時の「樟葉宮」の「樟」と同じことです。

より重要なのは、雄略七年（四六三）が蓋鹵王の弟昆支が倭王済のもとに婿入りして二年目で、倭の五王「讃・珍・済・興・武」の興（在位四六二〜四七七）の治世下にあることです。石渡信一郎は倭王済・興の時代は崇神王家（尾張連）の本拠は河内南部にあったと推定しています。ここで注意しなければならないことは、倭王済と興の本拠地があった「尾張」は河内の大和川と石川が合流する辺りで、現在の名古屋を中心する東海地方ではないことです。

ちなみに河内南部に接する大和葛城の地は、『日本書紀』に高尾張と書かれています。石渡は尾張連が尾張国の首長家となって尾張国に本拠を移したのは欽明時代とし、名古屋市熱田区の断夫古墳の被葬者は欽明に任じられた尾張連の首長とみています。

すると昆支と弟の余紀＝継体が河内南部の尾張連本家の済のもとに婿入りしたのであれば、

継体の分身仁徳が葛城襲津彦（尾張連系の豪族）の娘磐之媛に振り回された話は史実を反映しています。倭の五王「讃・珍・済・興・武」については次章で明らかにします。

### ❖継体は開拓王

筒城宮は難波津から淀川・木津川流域一帯の水運・土木事業を営む百済系葛城氏や同族の紀氏が支配する地にあったと推測できます。仁徳の治水・土木の話は、継体が即位する前に河内湖や淀川の干拓や淀川・大和川の堤防工事（茨田堤）に従事していた頃の話を「仁徳紀」に移し替えたものでしょう。おそらく継体が茨田連小望の娘関媛を妃としたのはこの淀川の堤防工事が縁でしょう。

淀川に合流する安威《あい》川中流東岸の太田茶臼山古墳（大阪府茨木市大田三丁目）は宮内庁指定の継体天皇陵ですが、その八〇〇メートル東の今城塚古墳は約一〇年間の発掘調査によって、これが本当の継体天皇陵ではないかという説が浮上しています。今城塚のある高槻市郡家新町は「三島の藍野《あいの》」と呼ばれ、『日本書紀』継体二五年（五三一）条にも「一二月藍野陵に葬られた」と書かれています。

石部正志（当時、宇都宮大学教授）は、今城塚古墳を継体天皇の墓と推定し、越前もしくは近江を本拠とした有力豪族が大和政権の衰退の機に乗じて継体新王統を創始したと考えています。そして尾張連の本拠を断夫山古墳のある尾張と見ています。この石部の継体の尾張名古屋本拠説は、石渡説の河内南部説とは大きく異なります。

高槻市教育委員会の冊子『今城塚古代歴史館常設展示図鑑』（平成二三年発行）によると、太田茶臼山古墳の築造年代は五世紀中頃で、富田《とんだ》台地の中央にある今城塚古墳の築造年代は六世紀前半と推定されています。

しかし石渡は、太田茶臼山古墳の築造年代は、川西宏幸の須恵器編年から五一〇年代、今城塚古墳は出土した円筒埴輪の時期が五五〇年代と推定されることから、この二つの古墳は規模からも年代からも継体の墓ではないと指摘しています。

筒城宮の一件は仁徳の不徳から起こった夫婦間のエピソードですが、継体の楠葉宮→筒城宮→弟国への移動地域は淀川・木津川・桂川の合流地点にあり、淀川から大阪湾に通じ、瀬戸内海から淀川を遡り木津川から大和に入ることもできる重要拠点です。

仁徳から武烈までの天皇一〇人の不在説の根拠は、『宋書』「倭国伝」に記載されている倭の五王「讃・珍・済・興・武」と一〇人の天皇の在位年代が重なるばかりでなく、堺市の仁徳陵（継体陵・大仙古墳）と羽曳野の応神陵（誉田陵）の古墳の実年代が六世紀初頭と推定され、しかも二つの巨大古墳の年代は一〇年前後の差もないと言われているからです。つまり、応神天皇と継体天皇はかなり連続して考えるべきです。この問題は第四章で取り上げます。

## 2　任那分割と百済

### ❖任那分割

五一二年（継体六）一二月、百済武寧王は使者を派遣し、継体六（五一二）年一二月、継体天皇に上表文を差し出して、「任那国の上哆唎《おこしたり》、下哆唎《あろしたり》、娑陀《さだ》、牟婁《むろ》の四県を欲しい」と願います。この四県は現在の全羅南道栄山江東岸と全羅南道栄山江西岸を含む地域と推定されます。

「この四県は百済に近い土地です。百済に与えて一つの国にしたほうが得策だ」と穂積臣押山が進言します。大伴金村はこの計画に同意し、物部麁鹿火大連《もののべのあらかい》を勅使に任命しました。ところが物部麁鹿火がいざ百済の使者にその旨を伝えようとした矢先、麁鹿火の妻は「神功皇后と武内宿禰以来の土地です。分割して他国にあたえるようなことがあったら、後々の非難が絶えることはないでしょう」と諫めました。妻はさらに「病と称して、宣勅をお止めなさい」と言うので、「諫言《かんげん》は理に適っている」と大連は妻の忠告に従います。

別の使者が物部麁鹿火の代わりに賜物と勅書とを授け、上表文の通り四県を与えました。物部氏も大伴氏も同じ加羅系渡来集団の氏族で母国は任那加羅の土地をもっていたのでしょう。麁鹿火と妻の話は倭国内で四県の百済譲渡のことで旧加羅系渡来豪族と、継体が出自とする新来の百済系豪族集団の対立があったことを暗示しています。即位するまでの五七年間の空白と任那の記事の多さは継体の出自を解くカギになります。

「継体紀」の六五パーセントは任那分割に関係する記事が占めています。残りの三五パーセントのうち、一一パーセントはそのことが原因となって起きた磐井の反乱と、二四パーセントは男大迹王が即位するまでの話です。

ところで四県割譲の話を、あとで聞いた勾大兄皇子（安閑天皇）は「応神天皇以来、官家をおいてきた国を、軽々しく与えてしまってよいものか」と異議を唱えました。そして日鷹吉士を立て、百済の使者にこのことを告げさせたのです。

しかし使者は「父の天皇が決定したことを、その子が改めてよいのでしょうか」と言って百済に帰ってしまいました。この話はとてもリアルです。まもなく「大伴大連と哆唎《タラ》国の守穂積臣は百済から賄賂を受け取った」という噂が広がりました。

五一三年（継体七）六月、百済は将軍ら二人を穂積臣押山に付き添わせて五経博士段楊爾《だんように》を倭国に送りました。そして「伴跛《ハヘ》国がわが国の己汶《コモン》の領地を略奪しました。どうか本国に返還するように取り計らってください」と伝えました。伴跛国は現在の慶尚北道霊郡とされています。唐諸国の中で金官国に代わって力をつけてきた国です。

翌月、武寧王の太子淳陀《じゅんた》が死去しました。一一月、己汶・帯沙《タサ》が百済国に与えられたので、伴跛国は己汶の領地を返還するように倭国に陳情してきました。

五一四年（継体八）三月伴跛国は城を子呑《しどん》・帯沙に築いて倭国に備え、また城を爾列比《にれひ》・麻《ま》須比《すひ》に築いて、新羅を攻めて、子女を襲い、村落を侵略しました。次の年の二月、物部連が百済の使者文貴将軍を送って、船軍五〇〇人を率いて帯沙江に入りました。物部連一行が帯沙江に滞留して六日目に、伴跛の兵が攻撃してくると、物部連らは帯沙江近くの小さな島汶慕羅《もんまら》に逃亡しました。

## ◈百済武寧王の保護者継体天皇

五一八年（継体一二）五月、百済は前部木刕不麻甲背《ぜんぽうもくらふまこうはい》を派遣して、物部連らを救出して百済に先導しました。九月、百済は州利即次《つりそし》将軍を物部連に付き添わせて来朝させて、己汶の領地を賜ったことへの謝礼を述べました。

そして五経博士を段楊爾から漢高安茂《あやのこうおんも》に代え、さらに百済は灼莫古《やくまくこ》将軍を高麗の使者安定らに付き従わせて倭国との友好関係を結ばせます。五一八年（継体一二）三月、継体天皇は弟国に遷都しました。弟国は現在の向日市・長岡京市・大山崎町辺りと推定されます。

『日本書紀』「継体紀」一七年五月条によれば、「百済武寧王（余慶）が死去した」と記録されています。すると武寧王の生年は四六二年となり、「雄略紀」の昆支王渡来を四六一年とする記事と武寧王の生年を四六二年とする墓碑銘は一年の誤差しかありません。五二四年（継体一八）正月、百済国王は聖明王が即位し、五二六年（継体二〇）、天皇は磐余玉穂《いわれのたまほ》に遷都します。

磐余は「忍坂」に近い桜井市の中西部から橿原市東部一帯とされています。継体天皇は即位して二〇年目にして大和に入ります。

しかし石渡信一郎は「癸未年（五〇三）、日十大王の年、男弟王が意柴沙加（忍坂）宮に居ますとき……」という隅田八幡鏡銘文からみても、五〇三年の時点ですでに忍坂（現在の桜井）に住んでいた継体は、即位の頃は応神＝昆支が営んでいた橿原明宮《あくらのみや》の近くに宮殿をおいたと考えられます。〔筆者注：石渡は二〇一一年六月に出版した『邪馬台国の都吉野ヶ里遺跡』で応神＝昆支が営んだ地を「橿原明宮」ではなく、河内の軽＝志紀としています。河内の「シキ宮」については第五章で説明します〕

## 3　磐井の反乱

### ※筑紫国造の磐井と物部麁鹿火大連

五二七年（継体紀二一）六月、近江の毛野臣は六万の兵を率いて任那に向かいました。新羅に侵略された南加羅《ありしひのから》・喙己呑《とくことん》を復興するためです。ところが豊前・豊後の火国と豊国に大きな支配力をもっていた磐井は、毛野臣の任那進軍を遮ろうとしました。『日本書紀』は新羅がひそかに賄賂で磐井を懐柔していたからだと書いています。

「今でこそ従者になっているが、昔は同じ仲間として、肩を並べ肘を触れ合わせて、一つの器で共に食べたものである。使者になった途端に私をお前に従わせることなど、どうしてできようか」と筑紫国造の磐井。天皇継体は大伴金村・物部麁鹿火・許勢大臣男人らに「磐井討伐はだれが適任か」と相談します。

大伴連らは「物部麁鹿火をのぞいて右に出るものはいません」と勧めるので、物部麁鹿火に決まりました。麁鹿火は「磐井は山川の険阻なることを頼みにして、朝廷に叛いています。私が征伐しましょう」と応諾します。磐井は物部氏と同じ加羅系氏族ですから麁鹿火にとって懐柔しやすい相手であったのでしょう。

天皇継体は斧と鉞《まさかり》を物部麁鹿火大連に授けて「長門以東は私が統御する。築後以西はお前が統御せよ」と命じました。五二八年（継体二二）一一月一一日、物部麁鹿火は賊軍磐井と筑紫の御井郡《みいのこおり》で交戦しました。

御井郡は現在の久留米市中西部と推定されています。物部麁鹿火との交戦で磐井はついに斬られました。一二月、筑紫君葛子は父の罪に連座して誅殺されることを恐れ、糟屋屯倉《かすやのみやけ》を献上して死罪を免れたといいます。

筑紫君磐井が反乱の根拠地とした火国・豊国は、南の矢部川、北の築後川に挟まれ、東は筑紫山脈・耳納山地を境に大分県に接し、南は築肥山地を境に熊本県の山鹿市と接しています。そして南北二つの川は西流して有明海に注ぎ、流域一帯は大牟田・筑後・久留米・八女《やめ》・朝倉・旧甘木・小郡の各市を包含しています。

八女市広川町から筑後市三潴町・立花町にかけて、北部九州最大の前方後円墳（墳丘長一三五メートル）の岩戸山古墳を中心とする約二〇基の前方後円墳があります。磐井の墓とされる岩戸山古墳は、西鉄久留米駅からバスで国道三号線を東南へ約五〇分走った八女市のバス停・福島高校前で下車した近くにあります。

石渡信一郎は、磐井の墓は岩戸山古墳の西の谷を一つ隔てたところの八女市広川町の武装石人が立っている石人山古墳とし、岩戸山古墳は磐井の子の葛子の墓と推定しています。筑紫君葛子は「誅殺することを恐れ、糟屋屯倉を献上して、死罪を免れた」という記事からも、「筑紫の君」と呼ばれる葛子が倭国百済政権の主ワカタケル大王（欽明）の支配下に入ったと考えられるからです。

## ❖ある本による日本の天皇・皇子の死

五三一年（継体二五年の辛亥の年）の二月、継体天皇は病気が重くなり、七日、八二歳で磐余玉穂宮で死去しました。すると継体の生年は四五〇年前後です。しかし『古事記』は丁未五二七年、四七歳で亡くなったとしています。とすれば継体の生まれは四七八年ということになります。一二月、藍野《あいの》陵に埋葬されました。ところが「継体紀」末尾には次のような注がつされています。

〔「ある本に、天皇は二八年歳次甲寅に崩御された」という。しかしながら、ここに二五年歳次辛亥に崩御されたというのは、百済本記によって記載したものである。その文に「太歳の辛亥の三月に、進軍して安羅に着き、乞乇城《こつとくのさし》を造営した。この月に、高麗はその王安を殺した。また聞くところでは、日本の天皇と太子・皇子らはともに薨去された」とある。辛亥の年は二五年にあたる。後に勘校する者が明らかにするであろう。」

『日本書紀』編纂グループは継体の死去した年を「ある本」による甲寅五三四年ではなく、「百済本記」の辛亥（五三一年）を採用したと説明しています。しかもその辛亥の年に「日本の天皇と太子・皇子ともに薨去された」というのですから、とても大きな事件が継体天皇の周辺に起きたことを暗示させます。

それは天変地異や天然痘などではなく、皇位継承にかかわるクーデター以外のなにものでもないことを思わせます。このクーデターで、継体天皇だけでなく皇位継承者の安閑・宣化も殺害されるという、凄まじい事態が起きた可能性すらうかがわせます。しかし『日本書紀』はその安閑が甲寅五三四年に即位したとしています。

以上、継体の出自に関して隅田八幡鏡銘文の「男弟王」と「記紀」の整合性から検証してきましたが、次は中国側の史料から継体の出自を考えることにします。そうすれば、安閑天皇の甲寅年（五三四）の即位などあり得ないことも明らかになるでしょう。

## 4 百済右賢王余紀＝継体天皇の出自

### ※『宋書』「百済伝」

『宋書』「百済伝」大明二年（四五八）条によると、前年、鎮東大将軍に就いた百済蓋鹵王（余慶）は、宋朝に「行冠軍右賢王余紀等十一人」の叙正を求め、認可されています。諸軍の序列を上から列記すると、征虜将軍（左賢王余昆）・冠軍将軍（余紀）・輔国将軍（余都）です。輔国将軍余都は余昆（昆支・応神天皇）・余紀（継体天皇）の叔父の文周と考えられます。

坂元義種は「百済においても左賢王に次ぐ地位ですが、今回の叙正願いは行冠軍右賢王の地位が上である」と指摘しています。また、鈴木靖民は「余紀」が特に叙正を乞う上表の筆頭に挙げられる理由はわからないと疑問を呈しています。

余昆も余紀も姓が「余」であることから、二人は高句麗同様、扶余族を出自とする百済王族の兄弟です。『三国史記』には后妃の名や序列は記録されていないので推測になりますが、毗有王（余毗）には蓋鹵王を長子とし、余紀を末子とする腹違いの子が多くいたと考えられます。余紀を生んだ妃が昆支の母より即位継承の序列が上位であったのかもしれません。

石渡信一郎の研究では昆支は四四〇年の生まれですから、征虜将軍任官の時の年齢は一八歳です。石渡は隅田八幡鏡銘文から「日十大王」と男弟王（継体天皇）は兄弟とみていますが、継体＝「男弟王」が昆支の弟の誰であるかは具体的に立証していません。おそらく石渡は隅田八幡鏡銘文を自明のこととして検証をすることを失念していたのかもしれません。

あるいは余紀が『宋書』「百済伝」大明二年（四五八）条にたった一度しか登場していないことと、『三国史記』を含めてその他中国の史料にもその名が見えないことから論証不可能としてそのまま保留にしていたのかもしれません。

四世紀から六世紀にかけて、倭国西部から朝鮮半島を席捲した巨大氏族紀氏なる集団が『日本書紀』に登場しますが、巨大氏族の謎は継体天皇における前半生の不可解さに共通しています。継体系王統下の「記紀」編纂者は、徹底して昆支こと応神が百済で生まれたことを隠そうとしたことは確かです。「継体紀」冒頭の記事がそのことを如実に物語っています。

したがって四五八年の百済が宋朝に出した叙正願いのメンバーの中の右賢王余紀が「男弟王」の可能性が高いという筆者の独自の想定のもとに、以下話を進めます。『日本書紀』によると継体天皇（男大迹王）は五三一年、八二歳で亡くなっているので、余紀＝男大迹とすれば余紀は四五〇年前後の生まれです。すると冠軍将軍に任官した時の余紀の年齢は八歳前後となります。

## ◈余紀＝継体はいつ渡来したか

余紀が兄の昆支より年が若くかつ位が低い冠軍将軍であるにもかかわらず、四五八年の蓋鹵王の上表のトップに名を連ねたのは、百済蓋鹵王の正統なる後継者に予定されていたか、あるいは兄昆支が三年後（四六一）に倭国の済のもとに婿入りすることが決まっていたためかもしれません。余紀が百済に残るとすれば、王位継承の最右翼は扶余族直系の余紀だからです。

百済国内の激変により昆支が渡来する時、弟余紀は兄余昆（昆支）と一緒に倭国に渡来したか、あるいは数年遅れて渡来した可能性もあります。余紀が遅れて渡来したとすれば、蓋鹵王が高句麗の侵略で殺害された四七五年前後かもしれません。その時の余紀の年齢は二五歳です。

しかし済（尾張連草香）の娘目子媛の婿となった余紀は、四六五年勾大兄（安閑）と、四六六年に檜隈高田（宣化）をもうけているので、余紀の渡来は四六五年以前でなければなりません。余紀が倭王済の娘目子媛と結婚したことは次章で説明します。

余紀が昆支と一緒に渡来したとすれば、ある時期まで石川と大和川の合流地点の河内飛鳥（安宿）に本拠を置く倭王済のもとで成長したか、あるいは加羅系有力氏族のもとで成長したのかもしれません。

四七五年、王都漢城と蓋鹵王の叔父文周王は都をはるか南の熊津《ゆうしん》（現在の忠清南道公州市）に遷都しました。いっぽう、四六二年父済を継いで倭国王となった興は、四七七年宋の順帝に出した上表文の中で倭王武は「急に父と兄を亡くした」と述べ、高句麗と対決するための支援を宋朝に求めています。

昆支が倭王武として即位した四七八年の時点では、倭王武こと昆支の年齢は三八歳、弟余紀こと男大迹は二八歳前後だと推定できます。余紀の長子安閑の年齢は一二歳です。四七五年熊津に遷都した百済は、加羅地方への勢力拡大と倭国依存の体制を強めたことは「継体紀」からも明らかです。加羅（任那）地方はもと倭国に渡来した旧加羅系集団の母国です。

余紀が兄昆支とともに四六一年渡来したとすれば、倭王済が四六一年に亡くなり、義理の兄興が四七七年亡くなった後、四七八年昆支は倭王武として即位していますから、余紀（継体）は左賢王（太子）の位に就いたと考えられます。余紀こと継体が二八歳の時です。

## ※余紀こと継体の晩年の記事

ところで毛野氏というと「継体紀」二一年（五二七）六月条に「近江の毛野臣六万の軍平を率いて任那に入り、新羅に敗れた南加羅・喙己呑を復興させようとした」と記されていますが、毛野臣の行為が筑紫国磐井の反乱の原因になったことは先述した通りです。

この毛野臣の任那復興が、天皇継体の命令によるものかどうかは明らかでありません。いずれにしても「継体紀」二三年（五二九）九月条の巨勢（許勢）男人大臣が亡くなる記事の前後から『日本書紀』のトーンが大きく変わります。

「継体紀」二三年と二四年の記事によると、天皇継体の勅使として安羅《あら》（任那日本府の所在地）に派遣された近江の毛野臣は百済と新羅の調整に失敗したので、継体天皇は任那王己能末多干《このまたかん》岐《き》を介して毛野臣を召喚しようとします。

しかし毛野臣は天皇の命令に反して逆に圧制を敷いたために、いっそう百済と新羅の対立を激化させてしまいます。天皇はついに目頬子《めずらこ》をやって召喚に成功しますが、毛野臣は対馬に到着した時病にかかり死んでしまいます。

「継体紀」二四年（五三〇）の記事は、毛野臣の遺体が川を遡り、近江に入った時の毛野臣の妻の歌と目頰子《めずらこ》が任那に着いた時の日本人の歌「枚方ゆ　笛吹き上る近江のや　毛野の若子《わくご》い　笛吹き上る」「韓国を　如何に言ことそ　目頰子来る　むかさくる壱岐の済《わたり》を　目頰子来る」の二首で終わります。

この翌年の「継体紀」二五年（五三一）二月継体天皇は亡くなりますが、継体がなぜ近江の毛野臣を勅使として派遣したのか、毛野臣を迎えに行った目頰子とはいったい誰なのかわかりません。『日本書紀』編纂者はこの目頰子を「未詳」としていますが、手がかりがないわけではありません。問題は継体がなぜ正体不明の目頰子を毛野臣の迎えにやったのかということです。

目頰子が迎えに来る前に、毛野臣は同じ勅使の調吉士《つきのきし》が自分より早く京に戻り、自己の不評を告げ口されるのを恐れ、河内母《こうちのおもの》樹《き》馬飼首《うまかいのおびと》御狩《みかり》を密かに天皇のところに参上させ「国の命令を果たした上で、謝罪しますからそれまでお待ちください」と伝えさせます。すると河内母樹馬飼首御狩は毛野臣の従者でもあり、天皇継体とも話し合える関係にあったということがわかります。

ちなみに調吉士《つきのさし》は「継体紀」六年一二月条に四県割譲に異議を申し立てる従者として太子安閑が送った使者日鷹吉士や、「雄略紀」七年条の日鷹吉士堅磐と同一人物か同族の者と推定できます。

雄略天皇七年（四六三）を干支一運六〇年繰り下げると継体天皇一七年（五二三）になり、その四年後に近江の毛野臣が任那復興に派遣されます。『日本書紀』頭注によると「日鷹吉士は難波吉士で日鷹（紀伊国日高郡）を本拠として外交・水軍に活躍した吉士の一族か」と記されています。

ところで「履中紀」五年（四〇四）九月条に奇妙な記事が載っています。「天皇（履中）の淡路島の狩で河内の馬飼《うまかいべ》らが天皇のお供をした。この時はまだ馬飼の目の入れ墨《いれずみ》が完治していなかった。すると島の伊弉諾《いざなぎ》神が神託を下し、血の臭気に耐えられないと言った。そこで占ったところ馬飼らの入れ墨の臭気を嫌うと出た。これより後、馬飼の入れ墨を廃絶した。

『日本書紀』割註には「河内には飼部が多く、淀川の氾濫原に馬の飼育に適した地があったのだろう」と記されています。また「継体紀」元年（五〇七）に注目すべき記事があります。大伴金村大連・物部麁鹿火・許勢男人大臣の三人が男大迹を即位させようとして節旗《みはた》をもって三国（福井県坂井郡）まで迎えにいく次のような場面です。

内心疑いがあった男大迹は皇位に就こうとしない。たまたま男大迹を知っていた河内馬飼首荒籠が使者を送ってひそかに大臣・大連たちの本意をくわしく説明した。丸々二日三夜経って男大迹は即位することを決意した。そして男大迹は次のように言って即位後は荒籠を寵遇したというのです。

「馬飼首よ、お前が使者を送ってくれなかったら、あやうく天下に笑われるところであった。世の人が『先を論じるな、ただその心だけを論じよ』と言うのは荒籠のような者を言うのだろう」。そして大臣・大連らが迎えに行ってから一八日経った一二日に楠葉宮で即位した。

男大迹が即位した樟葉宮は先述したように淀川に臨む交通上の要地です。おそらく淀川沿岸地帯は馬飼部の本拠であったに違いありません。筆者は「履中紀」の目に入れ墨をした馬飼部の話や、「継体紀」元年即位の事情から、毛野臣を任那まで迎えにいった目頰子は男大迹即位をサポートした河内馬飼首荒籠か、あるいはその一族に属する者と考えます。

さらに有力な根拠は、『日本書紀』天武天皇一二年（六八三）九月二三日条に、「連姓」を賜った三八氏の中に河内馬飼造の名があるからです。

『日本書紀』は継体の父が近江国の高島郡（滋賀県湖西湖地方）を本拠としていたとするばかりか、継体の妃稚子媛や広媛の父は近江国の高島郡を本拠としていたとし、大伴金村大連・物部麁鹿・許勢男人大臣らが大迹王を三国まで迎えに行ったことにしています。しかし先に述べたように、目頰子＝河内馬飼部と男大迹とすれば河内馬飼部の本拠は淀川の樟葉あたりになります。

『日本書紀』の編纂者は河内馬飼部と男大迹との関係がわかると継体の出自や開拓王として過ごした即位前の正体が明らかになるので、継体の居場所を近江や三国にしたのでしょう。すると毛野臣も架空の人物と考えてよく、継体が太子（左賢王）時代に支配下に置いた近江地方の加羅系豪族かあるいは河内馬飼部の同族の者と思われます。すると筑紫国造の磐井が毛野臣に「同じ仲間として肩を並べ肘を触れ合わせて、一つの器で共に食べたものである」と言った訳が理解できます。

### ※新旧二つの渡来集団の実体

『日本書紀』「継体紀」に書かれた任那分割における百済・新羅・加羅・倭国の四者の紛争は、加羅系渡来集団によって建国された日本古代国家の建国事業が、母国百済を去った二人の王子、兄昆支と弟余紀の百済系王統に引き継がれたことを物語っています。兄昆支が倭王武として即位した四七八年に、弟余紀は左賢王（太子）としての位に就き、五〇七年に即位するまで約二九年間は倭王をサポートします。この二九年間の余紀＝継体の事績を『日本書紀』は完全に隠しています。

石渡信一郎の言う新旧二つの渡来集団とは、「旧」は崇神（旨）を始祖王とする加羅から渡来した集団であり、「新」はその加羅系渡来集団を引き継いで倭国大和の大王となった昆支＝倭王武を祖とする百済系渡来衆団のことです。

昆支倭王武は四九一年、加羅から東加羅に名を変え、「日十大王」（東加羅大王）として加羅系崇神王朝に代わり百済系王朝を立てました。二つの渡来集団の母国と倭国の関係は、いわば本家と分家の関係です。分家が栄え、本家が争いで疲弊・没落する構図です。

継体天皇が即位して六年目に早々と任那国の上哆唎《おこしたり》・下哆唎《おろしたり》・沙陀《さだ》、室《むろ》の四県を百済武寧王に割譲したのは、武寧王は継体の甥であり継体にとって百済は自分の母国であったからです。五〇三年（癸未）、百済武寧王が「男弟王」に長寿を願って鏡を贈呈したのは、叔父の「男弟王」が父昆支（倭王武）の後を継いで大王になることを知っていたからであり、加羅の領有権並びに新羅との緊張関係に対して、男弟王＝継体は武寧王にとってもっとも信頼できる保護者であり、叔父（父昆支の弟）であったからです。

磐井の反乱はこのような百済を母国とする余昆（昆支）と余紀の二人の兄弟による任那分割に対して抱いた不満・反発・敵意から生まれた旧加羅系崇神王朝を母胎とする有力豪族の反乱を意味する象徴的な事件です。

磐井の君が新羅討伐に向かおうとしている毛野臣を妨害して「昔は同じ仲間として、肩を並べ肘を触れ合わせて、一つの器で共に食べたものだ」と言っているのは、磐井君も毛野臣も倭国建設に貢献した旧加羅系渡来集団の有力な氏族であったことを物語っています。彼らの母国は加羅であり、母国加羅が現体制の百済王統の一族（継体も含む）によって分割されることに我慢がならなかったのです。

『古事記』「孝元紀」によると毛野臣は、淡海臣（＝近江臣）宿禰を祖にもつ波多臣・林臣・長谷部之君らと同族であると記され、その本拠は近江国から大和国磯上郡長谷（初瀬）と推定されています。武内宿禰を祖とする同族であれば、淡海臣は蘇我氏と同様「新」の百済系渡来集団の一族です。

とすると近江高島郡や福井地方は、継体が太子（左賢王）時代に兄倭王武（応神、昆支）とともに勢力を拡大途上の旧加羅系の本拠であり、毛野臣は継体の進出を受け入れたか協力した旧加羅系氏族であったとも考えられます。毛野臣と目頰子の歌は、継体と加羅系の毛野臣との関係を風刺したものかもしれません。

磐井の反乱は一九州地方の単なる反乱ではなく、出雲・上野・下野でも起こっています。それは先着加羅系渡来集団の占有権の主張であり、新興勢力百済系王統の支配に対する激しい抵抗を意味しています。

新羅の任那侵略と任那の消滅は、分家倭国の台頭と倭国政権が本家加羅の行方に関心と利害を持たなくなったか、持つ必要がなくなったかによるものです。しかし継体は毛野臣だけでなく旧加羅系氏族とも切っても切れないつながりと葛藤があったように思われます。

辛亥の年の五三一年に天皇・太子がみな一度に薨去したという『百済本記』の記事は、日本列島が新興百済王党内の分裂とそれに旧加羅系王族と氏族が加わった新たな古代国家再編成の段階に入ったことを物語っています。

ワカタケル大王（獲加多支鹵大王、雄略天皇ではなく、欽明天皇）のクーデタについては第五章で語ることにして、二人の王子余昆と余紀が婿入りした倭の五王「讃・珍・済・興・武」の実体を明らかにしなければなりません。でなければ仁徳天皇（一六代）以下武烈天皇（二五代）までの一〇人の天皇不在説の根拠を説明したことにはならないからです。

# 第三章　加羅系崇神王朝と倭の五王

## 1　高句麗・新羅・百済と倭国

### ❖七支刀の倭王旨＝崇神

石渡信一郎の研究によって、三七二年に百済王の太子から七支刀をもらった倭王旨は『日本書紀』では第一〇代の天皇として書かれている崇神と同一人物であることが明らかになりました。また崇神は『三国遺事』（高麗初期の歴史書。一〇七六年に編纂）の「駕洛国紀」に大駕洛（南加羅）の国王となったと記されている「首露」と同一人物です。

南加羅の国王となった首露＝崇神が金海《キンヘ》に王都を築いたのは三四二年です。崇神を盟主とする加羅系渡来集団は北部九州にあった邪馬台国を支配し、瀬戸内を東進して四世紀中頃三輪山山麓の纏向《まきむく》に王都を築きました。崇神は三七九年に亡くなり、崇神が葬られた箸墓《はしはか》古墳は三七八年前後に築造が開始され三九三年に完成しています。

加羅系崇神王朝の始祖崇神が三七九年に亡くなったことは史実だとすると、倭国内における初代崇神に続く二代目の即位は三七九年以降となります。すると『日本書紀』に在位紀元前九七年から紀元前三〇年と記録されている崇神につづく垂仁・景行・成務・仲哀・神功・応神らの実在をどう考えたらよいのでしょうか。

## ※倭の五王「讃・珍・済・興・武」

石渡信一郎は『倭の五王の秘密』(二〇一〇年一二月、信和書房)を出版しました。その中身は井原教弼《いはらみちすけ》説をさらに精密に補強したものです。それによると『日本書紀』「垂仁紀」に記録された垂仁天皇の在位年代(紀元前二九年~西暦七四年)を三八〇年(庚辰)から四〇九年(己酉)までとします。そればかりではありません。『古事記』に記載された一五人の死亡年(崩御年)も割り出したのです。

本書では『日本書紀』記述の仁徳天皇から武烈までの一〇人の天皇の不在説(架空説)を前提に語ってきました。なぜならその時代は「倭の五王」とほぼ完全と言ってもよいほど重なっているからです。しかし崇神と垂仁と「倭の五王」とのつながりについてはよく説明していませんので、『宋書』「倭国伝」と『三国史記』「百済本紀」と『日本書紀』をベースに「倭の五王」の実体を明らかにしようと思います。

不在天皇一〇人の時代に対応するのは高句麗の長寿王(生没三九四~四九一、在位四一三~

四九一）です。長寿王は好太王（広開土王）の子ですが、四一三年から四九一年まで七八年にわたって在位しました。長寿王は架空の天皇仁徳と違い、父の死後二年目の四一四年に「好太王碑」を建立して一七〇〇字の碑文を遺しています。

好太王（在位三九一～四一二）は中国華北に台頭した北魏の圧力を受けて朝鮮半島の南下を開始しました。好太王碑には高句麗との交戦国として百済・新羅・倭国の名が刻まれています。であれば加羅系崇神王朝の倭の五王に対応する高句麗・新羅・百済の諸王から倭国王を割り出すことができないでしょうか。

しかしそのためには、これまでのような『日本書紀』に記録された天皇の在位年代を鵜呑みにしては不可能です。『日本書紀』の虚・実を選別しなければならないのです。次に述べることはそのよい例です。

### ❖倭国の王はだれか

『三国史記』の「百済本紀」の「三九七年阿莘王《あかおう》が太子腆支《てんし》王（直支王）を倭国に人質に出した」という阿莘王（在位三九二～四〇五）が『日本書紀』「神功紀」六五年（二六五年の乙酉の年）と「応神紀」三年（二七二年の壬辰の年）の二ヵ所に登場します。

「神功紀」六五年条には「百済の枕流《とむる》王が死んだ。王子阿花《あか》が若年であった。叔父の辰斯《しんし》が位を奪って王となった。」と書かれ、いっぽうの「応神紀」三年条には「百済の辰斯王が即位して、貴国日本の天皇に対して礼を逸することがあった。そこで紀角宿禰《きのつのすくね》・羽田八代《はたのやしろ》宿禰・石川宿禰・木菟《つく》宿禰を派遣して、その無礼を叱責させた。これによって百済は辰斯王を殺して陳謝した。そこで阿花を王として立てて帰還した」と書かれています。

阿莘王（阿花王）の例からわかるように、『三国史記』と『日本書紀』の王の年代は違っています。しかし「応神紀」に記された阿花王即位の二七二年から干支二運（一二〇年）繰り下げると三九二年になります。ここから『日本書紀』は王の年代を干支二運さかのぼらせて「応神紀」に挿入していることがわかります。

驚いてはいけません。枕流王・辰斯王・腆支王（直支王）の場合も同じです。『日本書紀』はこのようなカラクリをよく使います。しかしすべての記事にこのような作為をほどこすわけではありません。この手法をいつ誰のどのような事件に対して用いるのかは、『日本書紀』編纂者の都合しだいです。したがって『日本書紀』編纂者が意図した「干支一運＝六〇年の天皇紀」を念頭に置かなければならないのです

本章冒頭で述べた七支刀の場合も同じです。『日本書紀』「神功紀」四九年（二四九、干支は己巳）条に「倭国から派遣された将軍木羅斤資《もくらこんし》と百済王父子らは意流村《おるすき》で落ち合い、共に喜びあった」と書かれていますが、これは倭国と百済連合軍が高句麗の侵略を撃破したことを意味しています。

百済王父子とは父近肖古王（在位三四六〜三七五）と近仇首王（在位三七五〜三八四）のことですが、近仇首王は倭王旨に七支刀を贈った「倭王世子奇生聖音」のことです。また「神功

紀」五二年（二五二）条には「百済の久氐《くてい》らは千熊長彦らに従って頼朝し、七枝刀一振・七子鏡一面を贈った」とあります。

この七枝刀《ななつさやのたち》が石上《いそがみ》神宮の七支刀であることはいうまでもありません。「神功紀」四九年と五二年の記事を干支二運（一二〇年）繰り下げると三六九年と三七二年になり、近仇首王の父近肖古王の在位年代にピッタリ入ります。当時高句麗の侵攻に苦しんでいたので、百済は倭国派遣軍の協力によって高句麗軍を撃退した記念と感謝の意をこめて倭王旨（崇神）に七支刀を贈ったのです。

## ❈水野祐の説

『日本書紀』「応神紀」八年の次の記事からも「記紀」が隠した「倭国の王」が解けるはずです。「八年春三月に百済人が来朝した〔百済記に、「阿花王が即位して貴国日本に礼を欠いた。それで日本は我が枕弥多礼《とむたれ》と峴南《けんなん》・支侵《ししん》・谷那《こくな》の東韓《とうかん》の地を奪われた。このため王子直支《とき》を天朝に差し出して、先王の誼《よしみ》を納め修目させた」という〕。」

この応神八年の記事はよく引き合いに出される腆支王（王子直支）人質（入国）の話ですが、応神八年は西暦二七七年で干支は丁酉です。これでは腆支（直支王。在位四〇五～四二〇）に対応していません。しかしこの記事も干支二運（一二〇年）を繰り上げると三九七年の丁酉になります。三九七年の百済王は阿莘《あしん》王（在位三九二～四〇五）で、『日本書紀』で仁徳天皇（在位三一三～三九九）が即位して八年目に当たり、仁徳が亡くなる二年前です。

『古事記』は神武天皇から推古天皇までの三三代の記録です。なぜかその中で一五人の天皇にかぎって没年の干支が記録されています。水野祐は『古事記』に記載された応神の没年の甲午三一〇年を『日本書紀』記載の仁徳天皇八二年（三九四）の甲午とし、同じく仁徳の死亡年を四二七年の丁卯としています。水野説によると仁徳在位年代は三九五年から四二七年です。

したがって水野祐は倭の五王「讃・珍・済・興・武」の讃を仁徳天皇としています。腆支こと直支王が人質となり、百済が倭と和通した記事は好太王碑の「九月己亥、百残違誓、与倭和通」（百済は高句麗との約束を破り、倭と和通した）という記事（永楽九年＝三九九年）と関連があるからです。しかし隅田八幡鏡銘文の「癸未年」の例もあるように、干支は六〇年に一度かならず回ってきますからその選択は任意にならざるをえません。

それでは倭の五王の一人「讃」を仁徳天皇とした水野祐の説は正解でしょうか。石渡信一郎は崇神王朝の崇神・垂仁と倭の五王の「讃・珍・済・興・武」の七人の王の死亡年を特定しました。死亡年がわかれば次の王の即位年は死亡年かその翌年かになります。

石渡によると『日本書紀』は原則として「越年称元法」を取っています。「越年称元法」は先王の死亡年の翌年を元年とします。対して「当年称元法」は先王が死亡した年に即位することをいいます。石渡は井原教弼説の「干支一運六〇年の天皇年代紀」をもとに七人の倭王の死亡年を崇神（三七九）→垂仁（四〇九）→讃（四三七）→珍（四四三）→済（四七七）→興（四七七）→武（応神。五〇六）と特定しました。

すると西暦三九七年の前後に実在した倭王は、『日本書紀』に記載されている垂仁こと活目《いくめ》入彦五十狭茅《いりひこいさち》天皇であることがわかります。崇神・垂仁と倭の五王「讃・珍・済・興・武」の在位年代特定の詳細については石渡の著作『倭の五王の秘密』をご覧ください。

## 2　『宋書』「倭国伝」

❖倭王武の上表文

「この歳、高句麗、倭国及び西南島の銅頭大師、並びに方物を献ず」という記事が『晋書』「安帝紀」義熙九年（四一三）条に載ったのは、倭の女王台与の貢献（二六六年）から一四七年後です。市販の世界史年表からもこの一五〇年間は倭国の歴史記述が空白であったことがわります。『日本書紀』によるとこの間在位した天皇は応神（二七〇～三一〇）、仁徳（三一三～三九九）、履中（四〇〇～四〇五）です。

『梁書』「倭国伝」（六三六成立）には「晋の安帝のとき倭王讃有り」とあり、また『南史』「倭国伝」（六五九年成立）には「晋の安帝の時、倭王讃有り、使いを遣わして朝貢せしむ」と書かれています。『晋書』「安帝紀」を含めたこれら三つの記事は、四一三年（義熙九年）に倭王讃が東晋に貢献したことを示しています。

坂元義種は、記事の内容からこの時の使者は、高句麗の捕虜になった倭人に高句麗の特産物を持たせたもので、倭国からの使者ではないとし、石渡は崇神王朝の倭国が中国の政権と最初に交渉をもったのは永初二年（四二一）としています。事実、『宋書』「倭国伝」に武帝の永初二年に倭讃が宋に朝貢し、武帝から叙受を賜ったことが書かれています。

『宋書』「倭国伝」に記載された「倭の五王と武の上表文」は、冒頭の「倭国は高麗の東南、大海の中にあり、世々、貢職を修む」に始まり、四一三年の讃の貢献から珍・済・興・武の五人の倭王の通行（入貢）が記され、最後に倭王武の上表文で終わる全文五六五字（原文）で構成されています。

うち宋の順帝（在位四七七～四七九）に宛てた昇明二年（四七八）の武の上表文が二三〇字（原文）です。その文体は極めて格調が高く、武自身の業績と歴代倭王の入朝の意義を唱え、高句麗の百済侵略を訴えながら武自身の官爵授与（叙正）を求める内容です。『倭の五王』（森公章、山川出版日本史リブレット）に全文掲載されています。

## ❖松下見林の倭の五王の比定

そもそも日本で初めて倭の五王のことを問題したのは、寛永から元禄にかけて活躍した国学者松下見林（一六三七～一七〇三）です。松下は元禄六年（一六九三）に『異称日本伝』を出版しました。

松下は『異称日本伝』で讃を履中天皇とし、珍を反正としました。この理由は履中天皇の和風諡号が去来穂別《いざほわけ》であることから、その呼び名を略した「さ」が讃と同じとしたからです。また珍は反正天皇の和風諡号が瑞歯別だが、瑞の字は珍の字と比べると形が似ているので「なまって」珍となったというのです。

このような手法で松下は済を允恭天皇、興を安康天皇としました。そして五番目の武を雄略天皇としました。雄略天皇の和風諡号の大泊瀬幼武《おおはつせわかたけ》を略して武としたというのです。松下は『日本書紀』の履中・反正・允恭・安康・雄略の系譜を丸呑みにして、履中天皇が即位した四〇〇年から雄略天皇が死去した四七九年をめやすに倭の五王を特定したのです。

『古事記伝』で著名な本居宣長（一七三〇～一八〇一）は『馭戎慨言《からおさめのうれたみごと》』で「宋に使いを出して貢物を献上したのは、九州地方の豪族たちが倭王の名を語って勝手にしたことで、日本の天皇が外国に朝貢して官職や位を授けられるといったことがあるはずがない」と批判しました。

しかし宣長の説は異例です。江戸時代以来、倭の五王の比定は讃が応神か仁徳、あるいは履中、珍は反正か仁徳、済は安康、武は雄略とするのが通説でした。「記紀」に倭の五王を合わせる方法です。戦後、井上光貞の応神婿入り説（『日本国家の起源』）や三王朝交代説を唱えた水野祐の仁徳天皇の難波遷都説が登場することによって、倭王の比定においては著しい変化はありませんが、その解釈では飛躍的に向上しました。

## ◈井上光貞と水野祐

水野祐は、倭の五王に『梁書』にみえる宋に入貢した欠名の王「弥」を加え倭の五王とし、讃＝仁徳、弥＝履中、珍＝反正、済＝允恭、興＝木梨軽、武＝雄略と比定しました。ここでも「記紀」に倭の五王を合わせる方法に変わりはありません。

水野は『古事記』記載の応神死亡年の甲午年を三九四年とし、仁徳の即位を三九五年として高句麗好太王と交戦した倭国王を讃＝仁徳としました。したがって応神陵の被葬者は応神天皇であり、大山古墳は仁徳の墓としますが、応神陵は仁徳が難波遷都後に築造したとしています。

井上光貞は倭の五王の「讃・珍・済・興・武」の讃を仁徳か履中のいずれかとし、珍は反正、済は允恭、興は安康、武を雄略としました。そして応神の和風諡号「ホムタワケ」は、実在性のないとされる成務のワカタラシヒコ、仲哀のタラシナカツヒコ、神功のオキナガタラシヒメという名とまったく異なり、仁徳のオホサザキ、履中のイザホワケ、反正のミズハワケなど倭の五王の諸天皇と名が似ていることからも、応神をその実在が確かめられ得る最初の天皇としたのです。

井上は、水野の大和系崇神王朝を滅ぼしたのは九州狗奴国系の応神・仁徳という説に対し、崇神王朝に婿入りした応神説を提唱しました。井上は応神が崇神王朝に「婿入り」して皇位についたと想定し、水野の応神王朝の「前身」を三世紀の狗奴国とする説よりも、応神その人自身が海を渡って日本に侵入したほうが仮説としては成立しやすいとしたのです。

## ◈九州王朝説

天皇の和風諡号から倭の五王を特定する方法に異議を唱えたのは、奥野正男や古田武彦です。奥野正男は倭の五王の続柄から「讃・珍」系と「済・興・武」系の二系があるとして、五世紀前半の「讃・珍」系の勢力の本拠地は九州北部（肥前・筑前・肥後・豊前）にあったと唱えました。

奥野は福岡平野の首長の墓と見られる福岡市老司《ろうじ》古墳が竪穴系横口式石室という大陸系の墳墓形式が取り入れられていることと、同じ古墳から三角縁神獣鏡を含む馬具類が出土していることから、騎馬民族の集団が四世紀末から五世紀初頭に九州に渡来したと考えたのです。

また、古田武彦は倭の五王は「九州王国」の王であると主張しました。七支刀を百済からもらった倭王旨こそ三世紀後半の「壹与＝倭与」と四世紀末から五世紀初頭の「倭讃」との中間に在位した倭王の名にほかならないとして、百済王が友誼《ゆうぎ》と歓心を求めたのは近畿地方の天皇家ではなく、九州にある卑弥呼・壹与を継承する王朝であるとし、倭王武が四七八年に宋に送った上表文の「東は毛人を征すること五十国、西は衆夷を復すること六十国。渡りて海北を平らぐこと九十五国」を根拠としました。

しかしこの古田武彦の説が正しくないのは、『朝鮮学報道』（七七号、一九九五年）に発表された、当時東京大学助教授の武田幸男の「平西将軍・倭隋の解釈」という論文が明らかにしました。武田が「平西将軍が示す『西』の方位は畿内倭国王の所居を起点にしている」と指摘したからです。

## 3　新旧二つの朝鮮人渡来集団

### ❖加羅系渡来集団の三角縁神獣鏡

新旧二つの渡来集団を提唱する石渡信一郎は、考古学的にみて讃・珍の王都が北部九州にあるとは考えられないとしました。讃・珍の時代は川西宏幸による円筒埴輪編年のⅡ期（実年代は四一〇〜五〇年代）の期間に入り、当時王都があった大和には行燈山古墳（墳丘長二四二メートル）・渋谷古墳（墳丘長三〇二メートル）・五社神古墳（墳丘長二七六メートル）など、Ⅱ期に属する巨大古墳が多数あるからです。

各地のⅡ期の古墳からは、加羅系渡来集団の長から分与された三角縁神獣鏡が出土します。また円筒埴輪Ⅱ期には、薄い大型鉄板を皮綴《かわとじ》または鋲留《びょうどめ》にした短甲が作られるほど技術は発達し、鋳造鉄斧《てっぷ》などの大陸製品などが輸入されています。

ちなみに三角縁神獣鏡は卑弥呼が魏からもらった鏡として、奈良纏向遺跡や箸墓古墳を卑弥呼の時代とする説がいまだに有力ですが、石渡は加羅系崇神王朝二代目の垂仁（在位三八〇〜

四〇九）が邪馬台国を継承したかのように見せかけるために造った偽鏡としました。

唐古《からこ》・鍵《かぎ》遺跡がある奈良盆地中央の磯城郡田原本町には、近鉄橿原線を挟んで東側には鏡作神社（石見）、寺川上流の八尾の右岸と左岸には鏡作坐神社と鏡作坐天照御魂神社、さらに橿原線西側の宮古と保間にはそれぞれ鏡作伊多神社が鎮座しています。

これら鏡作神社の東方約一二キロ辺りは纏向遺跡や三角縁神獣鏡が多量に出土した黒塚古墳や垂仁や讃の古墳のあることから、田原本町一帯は垂仁・讃時代の三角縁神獣鏡の製作地であったと考えられます。

また百済系渡来集団の後裔である『日本書紀』編纂者は、倭の女王卑弥呼があたかも神功皇后であるかのように作り上げ、『魏志』「倭人伝」や『晋起居注』を引用して神功が魏や晋に朝貢したかのように見せかけました。このように加羅系渡来集団は三角縁神獣鏡という物によって、百済毛渡来集団は「記紀」によって自らの出自を隠蔽したのです。

### ※女王卑弥呼＝神功皇后

『古事記』記載の天皇没年の中に神功の夫仲哀天皇も入っています。『古事記』に仲哀天皇は「享年五二歳、壬戌《みずのえいぬ》の年の六月一一日に亡くなった」と書かれています。石渡信一郎によれば『古事記』が仲哀の死亡年を一八二年（壬戌年）にしたのは、『魏志』「倭人伝」にある「倭国大乱」と「卑弥呼共立」の記事に合わせるためだとしています。『魏志』「倭人伝」には次のように書かれています。

その国、本亦男子を以て王と為し、住《とど》まること、七、八十年。倭国乱れ、相攻伐《こうばつ》すること歴年、乃ち共に一女子を立てて王と為す。名付けて卑弥呼と曰う。

石渡によれば、『日本書紀』編纂グループは「倭国大乱」の時期を『梁書』「倭国伝」の「漢和帝和中」という記事に基づき「一七八年〜一八四年」としました。石渡はこの理由として、五世紀に起きた新旧二つの渡来王朝集団の王朝の交替という重大な史実を隠すためであったと指摘します。

「旧」の加羅系渡来集団は纏向に王都を造った崇神を始祖とする加羅系崇神王朝、すなわち倭の五王の系統です。「新」の渡来集団とは四六一年百済から渡来した昆支（＝応神＝倭王武）を始祖王とする百済系倭王朝のことですが、この百済系倭王朝はワカタケルの辛亥のクーデターによって昆支系（蘇我王朝）と継体系（敏達系）に分裂して争います。

六四五年の乙己《いっし》のクーデターで勝利した天智・天武・持統の継体系王統に属する『日本書紀』編纂グループは、万世一系天皇神話のイデオロギーのもとに百済から渡来した昆支王こと倭王武の出自を隠し、応神を架空の女王神功（卑弥呼）の子として「旧」の加羅系倭王朝を連続させ、昆支と余紀（継体）の兄弟関係を応神と五世孫の関係に切り離しました。そして応神と継体の間に仁徳から武烈までの一〇人の架空の天皇を入れ、「倭の五王」を隠したのです。つまり言い換えれば「倭の五王」は実在するが、それに比定される天皇が捏造されたということです。

## ※崇神王朝、倭の五王の系譜

石渡信一郎は讃から興までの倭国王の系譜を次のように復元しました。石渡は倭の五王の「讃」を『日本書紀』記載のイニシキイリヒコ（五十瓊敷入彦）に比定しました。垂仁イクメイリヒコ（活目入彦）を父とし、ヒバスヒメ（日葉酢媛）を母とするイニシキイリヒコはオホタラシヒコ（大足彦＝景行天皇）とワカキニイリヒコ（稚城瓊入彦）の兄です。

『日本書紀』「垂仁紀」三九年一〇月条によればイニシキイリヒコは剣一〇〇〇口を作り、石《いそ》上《がみ》神宮に納め、神宝と共にこれを管理したと書かれています。

崇神のミマキイリヒコ（御間城入彦）、垂仁のイクメイリヒコ（活目入彦）に見られる、崇神王朝「イリ」の称号をもっているイニシキイリヒコは、大量の武器や神宝を管理するという大きな権力を握っています。石渡は三七九年に死亡した崇神の孫にあたるイニシキイリヒコ＝倭王讃が四一〇年に即位し四三七年まで在位したと推定しました。

『宋書』には讃の死後、弟の珍が倭王になったと書かれているので、石渡は「日本書紀」にイニシキイリヒコの弟と書かれているワカキニイリヒコ（稚城瓊入彦）を珍に比定しました。

# 倭の五王と倭武（昆支）との関係図

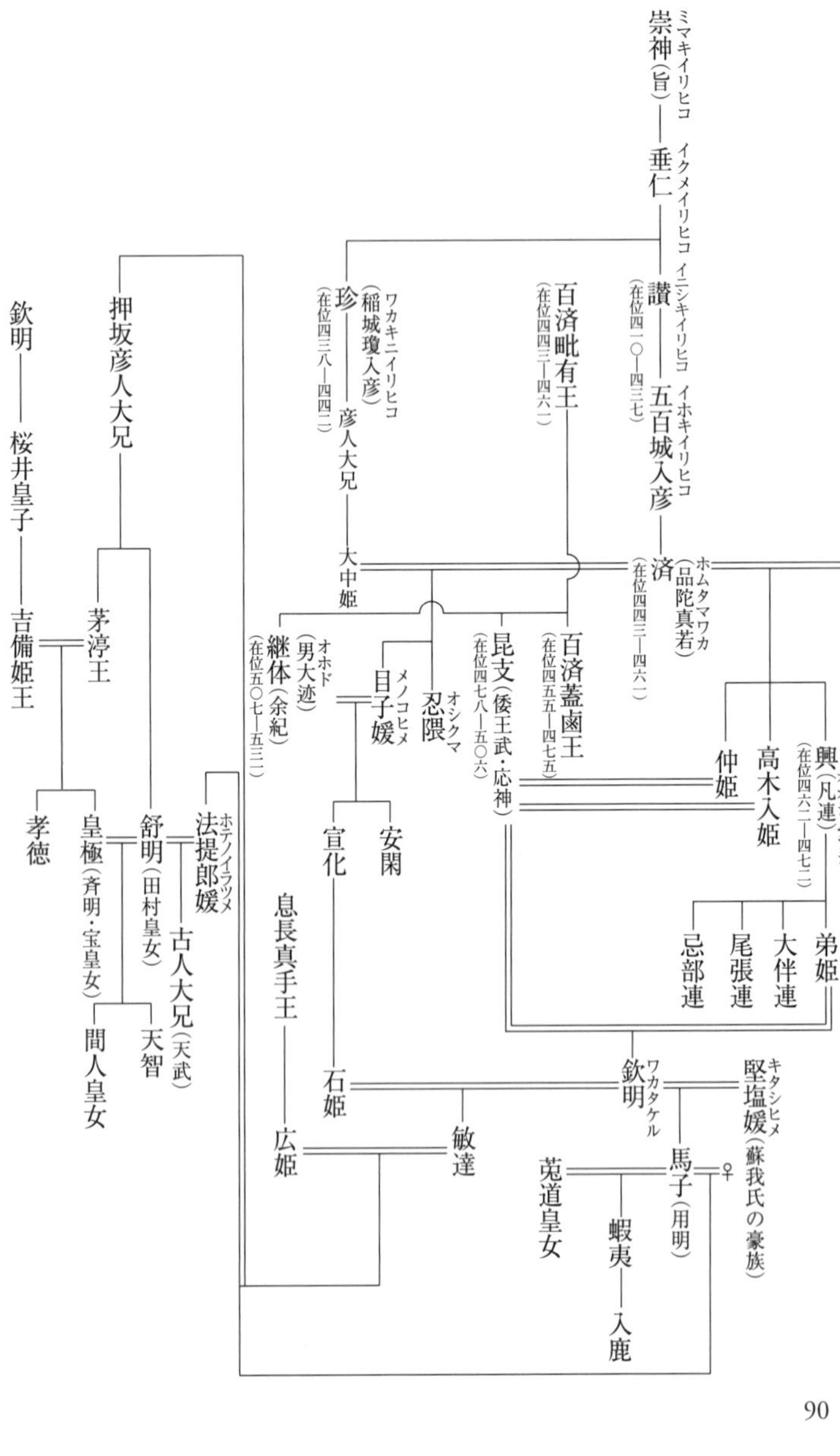

## 『日本書紀』の歴代天皇の漢風・和風諡号と在位期間（第45代まで）

| 代 | 漢風諡号 | 在位期間 | 和風諡号 |
|---|---|---|---|
| 1 | 神武（ジンム） | BC660-BC585 | 神日本磐余彦（カムヤマトイワレヒコ） |
| 2 | 綏靖（スイゼイ） | BC581-BC549 | 神渟名川耳（カムヌナカワミミ） |
| 3 | 安寧（アンネイ） | BC549-BC511 | 磯城津彦玉手看（シキツヒコタマテミ） |
| 4 | 懿徳（イトク） | BC510-BC477 | 大日本彦耜友（オオヤマトヒコスキトモ） |
| 5 | 孝昭（コウショウ） | BC475-BC393 | 観松彦香殖稲（ミマツヒコカヱシネ） |
| 6 | 孝安（コウアン） | BC392-BC291 | 日本足彦国押人（ヤマトタラシヒコクニオシヒト） |
| 7 | 孝霊（コウレイ） | BC290-BC213 | 大日本根子彦太瓊（オオヤマトネコヒコフトニ） |
| 8 | 孝元（コウゲン） | BC212-BC158 | 大日本根子彦国牽（オオヤマトネコヒコクニクル） |
| 9 | 開化（カイカ） | BC158-98 | 稚日本根子彦大日日（ワカヤマトネコヒコオオヒヒ） |
| 10 | 崇神（スジン） | BC97-BC30 | 御間城入彦五十瓊殖（ミマキイリヒコイニエ） |
| 11 | 垂仁（スイニン） | BC29-70 | 活目入彦五十狭茅（イクメイリヒコイサチ） |
| 12 | 景行（ケイコウ） | 71-130 | 大足彦忍代別（オオタラシヒコオシロワケ） |
| 13 | 成務（セイム） | 131-190 | 稚足彦（ワカタラシヒコ） |
| 14 | 仲哀（チュウアイ） | 192-200 | 足仲彦（タラシナカツヒコ） |
|  | 神功（ジングウ） |  | 気長足姫（オキナガタラシヒメ） |
| 15 | 応神（オウジン） | 270-310 | 誉田（ホムタ） |
| 16 | 仁徳（ニントク） | 313-399 | 大鷦鷯（オオサザキ） |
| 17 | 履中（リチュウ） | 400-405 | 去来穂別（イザホワケ） |
| 18 | 反正（ハンゼイ） | 406-410 | 瑞歯別（ミズハワケ） |
| 19 | 允恭（インギョウ） | 412-453 | 雄朝津間稚子宿禰（オアサヅマワクゴノスクネ） |
| 20 | 安康（アンコウ） | 453-456 | 穴穂（アナホ） |
| 21 | 雄略（ユウリャク） | 456-479 | 大泊瀬幼武（オオハツセノワカタケ） |
| 22 | 清寧（セイネイ） | 480-484 | 白髪武広国押稚日本根子（シラカノタケヒロクニオシワカヤマトネコ） |
| 23 | 顕宗（ケンソウ） | 485-487 | 弘計（ヲケ） |
| 24 | 仁賢（ニンケン） | 488-498 | 億計（オケ） |
| 25 | 武烈（ブレツ） | 498-506 | 小泊瀬稚鷦鷯（オハツセノワカサザキ） |
| 26 | 継体（ケイタイ） | 507-531 | 男大迹（オホト） |
| 27 | 安閑（アンカン） | 534-535 | 広国押武金日（ヒロクニオシタケカナヒ） |
| 28 | 宣化（センカ） | 535-539 | 武小広国押盾（タケオヒロクニオシタテ） |
| 29 | 欽明（キンメイ） | 539-571 | 天国排開広庭（アメクニオシハラキヒロニワ） |
| 30 | 敏達（ビタツ） | 572-585 | 渟中倉太珠敷（ヌナクラノフトタマシキ） |
| 31 | 用明（ヨウメイ） | 585-587 | 橘豊日（タチバナノトヨヒ） |
| 32 | 崇峻（スシュン） | 587-592 | 泊瀬部（ハツセベ） |
| 33 | 推古（スイコ） | 592-628 | 豊御食炊屋姫（トヨミケカシキヤヒメ） |
| 34 | 舒明（ジョメイ） | 629-641 | 息長足日広額（オキナガタラシヒヒロヌカ） |
| 35 | 皇極（コウギョク） | 642-645 | 天豊財重日足姫（アメトヨタカライカシヒタラシヒメ） |
| 36 | 孝徳（コウトク） | 643-654 | 天萬豊日（アメヨロズトヨヒ） |
| 37 | 斉明（サイメイ） | 655-661 | 天豊財重日足姫（アメトヨタカライカシヒタラシヒメ） |
| 38 | 天智（テンヂ） | 668-671 | 天命開別（アメミコトヒラカスワケ） |
| 39 | 弘文（コウブン） | 671-672 |  |
| 40 | 天武（テンム） | 673-686 | 天渟中原瀛真人（アマノヌナハラオキノマヒト） |
| 41 | 持統（ジトウ） | 686-697 | 大倭根子天之広野姫（オオヤマトネコアメノヒロノヒメ） |
| 42 | 文武（モンム） | 697-707 | 天之真豊祖父（アマノマムネトヨオオジ） |
| 43 | 元明（ゲンメイ） | 707-715 | 日本根子天津御代豊国成姫（ヤマトネコトヨクニナリヒメ） |
| 44 | 元正（ゲンショウ） | 715-724 | 日本根子高瑞浄足姫（ヤマトネコタカミズキヨタラシヒメ） |
| 45 | 聖武（ショウム） | 724-749 | 天爾国押開豊桜彦（アメシルシクニオシハラキトヨサクラヒコ） |

ワカキニイリヒコは兄のオホタラシヒコ（大足彦＝景行天皇）と違い、称号にキ・イリがあることから、兄弟相承制に基づきイニシキイリヒコの後継者として即位したと推定できるからです。

『宋書』が珍と済の続柄を記載しなかったのは、ホンダマワカ（済）がワカキニイリヒコ（珍）の甥イホキニイリヒコ（五百城入彦）の子であったからです。イホキニイリヒコは『日本書紀』にいう景行天皇と八坂入媛《やさかいりひめ》の間に生まれた七男六女の次男です。兄にワカタラシヒコ（稚足彦＝成務天皇）がいて、もう一人腹違いの兄ヤマトタケルがいます。

しかし先に述べましたように、讃にあたるのは「イリ」の称号をもつイニシキイリヒコ（五十瓊敷入彦）ですから、オホタラシヒコ（大足彦＝景行天皇）は架空の天皇です。したがってヤマトタケル（日本武尊）とワカタラシヒコ（稚足彦＝成務天皇）も架空の存在です。ただしイホキニイリヒコ（五百城入彦）は実在します。

ホンダマワカ（済の父）イホキニイリヒコは、珍＝ワカキニイリヒコの太子でしたが、なんらかの事情で即位しなかったのです。ホンダマワカ（品陀真若王）については、『古事記』「応神紀」には「応神天皇は品陀真若王の娘三柱の媛と結婚された。その中の一柱の名前はタカキノイリヒメ（高木之入日売命）で、次のナカツヒメ（中日売命）、次はオトヒメ（弟日売命）である。〔この女王たちの父のホンダマワカは、イホキニイリヒコ（五百木之入日子）が尾張連祖先タケイナダノスクネの娘のシリツキヒメと結婚して生んだ子であろう〕」と記されています。

## ◈済に婿入りした昆支と余紀

『古事記』では、このホンダマワカ（品陀真若王）の娘三人と結ばれたとし、三人娘の父ホンダマワカを記していますが、『日本書紀』は応神が仲姫《なかつひめ》を皇后として仁徳を生み、皇后の姉タカキノイリヒメ（高城入姫）を妃として大山守皇子らを生み、さらにまた皇后仲姫の妹弟姫など六人を妃としてウジノワキイラツコ（菟道稚郎子）、ワカヌケフタマタ（稚野毛二派）ら男女あわせて二〇人の皇子皇女を生んだとしています。

継体は尾張連等の祖凡連《おほしのむらじ》の妹《いも》目子郎女を娶ったと書かれています。このことから応神の妃ナカツヒメと継体のメノコヒメは父ホンダマワカ＝済＝尾張連草香を父とする姉妹であることがわかります。したがって済の男子興は昆支と余紀にとって義兄となります。『日本書紀』と『古事記』は応神と継体が兄弟であることを隠しながらも、二人の兄弟関係を如実に暗示しています。

石渡は、応神がいわゆる倭の五王「讃・珍・済・興・武の「済」＝ホンダマワカ（品陀若王）＝尾張連草香の娘ナカツヒメ（仲姫）と結ばれたとしています。一方、『日本書紀』には継体は元妃《はじめのみめ》＝尾張連草香の娘目子媛《めのこひめ》と結ばれたと書かれています。また『古事記』では、継体は尾張連等の祖凡連《おほしのむらじ》の妹《いも》目子郎女を娶ったと書かれています。

このことからも、応神の妃ナカツヒメと継体の妃メノコヒメはホンダマワカ＝済＝尾張連草香を父とする姉妹であることがわかります。したがって済の男子興は昆支と余紀にとって義兄になります。『日本書紀』と『古事記』は、応神と継体が兄弟であることを隠しながらも、二人の兄弟の姻戚関係からその関係を暗示しています。

## 4　百済昆支王渡来の記事

### ❖蓋鹵王、北魏文帝に上表文を送る

ここまで倭の五王「讃・珍・済・興・武」の「武」を除く讃から興まで四人の加羅系倭王についてその系譜を明らかにしました。ところが倭王武については、応神とか昆支とか単独の固有名詞で述べてきましたが、その出自を明らかにしてきませんでした。ここで、応神＝昆支＝倭王武が百済から渡来して加羅系崇神王朝に婿入りした王子であることを明らかにしようと思います。

百済二〇代毗有《ひゆう》王の長子蓋鹵《こうろ》王こと余慶は、毗有王（余毗）が在位二九年で死去したので、その年の四五五年に即位しました。即位した時の蓋鹵王（在位四五五～四七五）の年齢はわかりません。蓋鹵王に何人の子がいて、兄弟が何人なのか、また何人の妃がいたのか、『三国史記』「百済本紀」からはいっさい知ることができません。

父毗有王の時代から、百済は高句麗長寿王（在位四一三～四九一）の圧迫に苦しんでいました。

四七二年蓋鹵王は時の北魏の皇帝第七代孝文帝（姓は拓跋《たくばつ》、諱《いみな》は宏）への上表文をもたせ、朝見させせました。

百済蓋鹵王が孝文帝（在位四七一～四九九）に送った上表文は「高句麗が辺境を侵すので、出兵を乞う」というものでした。上表文の全文は中国北斉《ほくせい》（五五〇～五七七）の文人・学者魏収（五〇六～五七二）によって編纂された『魏書』「百済伝」に収録されています。上表文の全文は『三国史記』「百済本紀」の蓋鹵王一八年条に採用され、蓋鹵王条の大半はこの上表文で占められています。

ところで蓋鹵王のこの上表文は、倭王武が宋の順帝に出した四七八年の上表文に似ているという内田清の指摘（『東アジアの古代文化』八六号）があります。内田は「四七二年北魏への上表文を起草した百済の官人が、四七五年の漢城の陥落、蓋鹵王の討死などが原因で倭国に亡命し、倭王武に登用されて倭の上表文を起草した」と書いています。蓋鹵王の弟昆支＝倭王武であれば、この内田の指摘はまさにドンピシャリ的中しています。

さて、蓋鹵王の上表文を受けた顕祖（北魏光武帝の父）は、使者を鄭重に扱った上、使者の邵安を百済の使者とともに百済まで派遣して、「上表文によって百済の苦境を知った。しかし高句麗は先朝いらい藩屏であると称し、長年にわたって朝貢してきた。朝鮮で昔から対立していたとはいえ、わが国に対して高句麗は法令を侵すような過ちはない。あらかじめ共に挙兵を率いて待つがよろしい」と伝えました。

また北魏の顕祖は、使者邵安を高句麗に派遣し、巨璉（長寿王）にことの次第を伝えさせました。その後（四七五年）、顕祖は邵安らに東莱から海上を行かせ、余慶に皇帝の爾書を賜り、その誠実・忠節を褒めました。

しかし邵安らは海岸まできて、大風にあって漂流して、ついに百済に到達することなく帰国したのです。依然として高句麗は辺境を侵すので、蓋鹵王は北魏に出兵を懇願しましたが、北魏は要請に応じることはありませんでした。蓋鹵王はこれを恨んで、ついに北魏への朝貢をやめました。

### ※百済崩壊の史実

蓋鹵王二一年（四七五）九月、高句麗の巨璉（長寿王）は、ついに三万人の軍勢を率いて百済の王都を包囲します。蓋鹵王は城門を閉ざし、城を出て戦うことができません。高句麗軍は軍隊を分けて、四つの街道を挟み撃ちにしました。王は追い詰められてどうしてよいのかわからず、数十騎を率いて城門を出て西方に逃走したところ、高句麗軍が王を進撃して殺害しました。

四七五年の百済崩壊の史実については、昨今、『三国史記』が市販され、また図書館などで手軽に閲覧できるようになったのでその詳細は割愛することにします。ここでは「昆支」が唯一登場する『三国史記』の第二二代文周王（在位四七五〜四七七）条から「昆支」の箇所を引用して「昆支の倭国渡来の史実」を検証します。

文周王は蓋鹵王の子である。先に毗有王が薨去し、蓋鹵王が王位を継ぐと文周王は蓋鹵王を補佐し、官位は上佐平になった。蓋鹵王の在位二一年（四七五）に高句麗が侵入して来て、王都の漢城を包囲した。蓋鹵王は籠城して文周に新羅の救援を求めさせた。文周は新羅の一万の軍隊を率いて帰ってきたが、その時高句麗は退却していた。しかし王城は破壊され、蓋鹵王は死去していたので、文周が王位についた。文周王の性格は優柔不断ではあるが、一方民を愛していたので、百姓は王を敬愛した。冬一〇月、王都を熊津《ゆうしん》（忠南道公州郡公州邑）に移した。（略）

三年（四七七）春二月、宮殿をふたたび修理した。夏四月、王弟の昆支を内臣佐平に任命し、長男の三斤を太子とした。五月、黒龍が熊津に現れた。秋七月、内臣佐平昆支が死去した。

問題の箇所は、引用文中の「文周王は蓋鹵王の子である」という記事と「秋七月、内臣佐平昆支が死去した」という記事です。というのは、この昆支の親子・兄弟関係・史実について、『三国史記』と異なった記述をしている三つの史料があるからです。『宋書』「百済伝」ともう一つは『日本書紀』です。三つ目は五一九年に成立した『南斉書』「百済伝」です。史料成立から言いますと、『宋書』「百済伝」→『南斉書』「百済伝」→『日本書紀』→『三国史記』の順番になります。

## ❈「雄略紀」五年の昆支渡来の記事

坂元義種は、『宋書』「百済伝」によるかぎり、百済貴族中最高の地位にあった余昆（昆支）は、時の百済王余慶（蓋鹵王）のもとで第一人者でなければならず、昆支を蓋鹵王の王弟とする『日本書紀』「雄略紀」五年の記事が正しいのではないかと指摘しています。しかも不思議なのは、蓋鹵王の治世でもっとも重要と思われるこの記事が『三国史記』に掲載されていないことです。

もう一つの史料である『日本書紀』雄略天皇五年（四六一）条に、王子昆支が倭国に渡来したという記事が載っています。この「雄略紀」に書かれている昆支と『三国史記』の昆支とが同一人物であることに気づいた研究者はほとんどいません。

しかも百済から渡来した王子が倭国で王になっていることなど、想像に絶する話です。仮に気がついたとしても、文周王の弟として内臣佐平に就任してその四ヵ月後の八月に死亡したとされる昆支と、四六一年に倭国に渡来したとする「雄略紀」の昆支が同一人物であることを証明するのはとても困難であったのです。

この問題について直木孝次郎は『日本古代国家の成立』で、「大和政権はなぜ朝鮮半島に出兵したのか。それは五世紀中葉以来、高句麗南下の勢いに押され、四七五年に百済が漢城を失い、熊津に都を移したことである」と指摘し、その出兵させた倭国の王を雄略天皇としています。そもそも『日本書紀』の研究者の大勢は、直木の指摘に代表されるように四七五年当時の倭国の大王を雄略天皇としています。

というのは『宋書』「倭国伝」に記録されている倭王武は、『日本書紀』記載の雄略天皇在位年代と重なっているからです。ただ『倭王権の時代』の著者吉田晶は「百済の蓋鹵王は高句麗の南下政策に対して、四六一年には王弟の昆支を倭国に質として派遣して同盟関係の強化に努めている」と書いていますが、昆支が百済に帰国したのかどうかについては何も書いていません。

山尾幸久は『日本国家の形成』の中で、「四五五年に即位した百済の蓋鹵王は、四六一年に弟の昆支を倭王のもとに派遣してきた。それによって倭王の済は、ある程度の規模の兵を朝鮮に送る準備を始めたようである」と書いています。しかし山尾は、昆支が倭国に永住したとも百済に帰ったとも書いていません。

ところで直木孝次郎は『古事記』「応神紀」の歌謡の一句「品陀《ほむだ》日の御子　大鷦鷯《おおさざき》尊大陵」から応神＝仁徳という見方をしています（『古代日本と朝鮮・中国』講談社学術文庫）。しかし石渡信一郎は、大鷦鷯＝「大陵」（誉田山古墳）であって、『古事記』がオホサザキを大雀命にして仁徳の寿歌に替えたものとしています。

近年出版された『日本＝百済説』で金容雲は、昆支＝継体とし、隅田八幡鏡銘文の日十大王を実在の人物ではなく、百済・倭国共通の「日十大王年」というシンボリックな紀年に過ぎないとしています。この本は読む者をとても引きつけますが、随所で「記紀」依存の「牽強付会」に陥っています。根底には直木孝次郎の応神＝仁徳説の影響を受けているからでしょう。
さて、日本古代史を理解する上で決定的な分岐点となる「雄略紀」五年（四六一）の記事を次に引用します。

夏四月に、百済の加須利君《かすりきみ》〔蓋鹵王である〕、池津姫《いけつひめ》が焼き殺されたことを伝え聞くと、適稽女郎《ちゃくけいえはし》と謀議して「昔、女人を采女《うねめ》として貢上した。ところがまことに非礼で、我が国の名を汚した。今後、女を貢上してはならない」と言った。そして弟軍君《こにきし》に告げて〔琨《こに》支《き》である〕、「お前は日本《やまと》に行き、天皇にお仕えせよ」と言った。

加須利君は、身ごもった妃を軍君と結婚させて、「私の子を身ごもった妃は、すでに産む月を迎えている。もし道中で出産したなら、どうか母子を同じ船に乗せて、いずこなりと行った先から、急ぎ国に送らせよ」と言った。こうして二人は暇乞いをして、朝廷に仕えるべく遣わされた。

六月の一日に、はたして妊婦は加須利君が言ったように、筑紫の各羅島《かからしま》で子を生んだ。そこでこの子を名付けて嶋君《せまきし》と言った。そこで軍君はこの母と同じ船に乗せて、嶋君を国に送った。これが武寧王である。百済人はこの嶋を主嶋《にりむせま》と呼んだ。

秋七月に、軍君は京に入った。やがて五人の子が生まれた。〔百済新撰に、「辛丑年《しんちゅう》に蓋鹵王は、王弟の琨支君を奉遣して、大倭《やまと》に参向して天皇に仕えさせ、先王の好誼《こうぎ》を修めた」という〕

## 5　『三国史記』の虚構

### ❖古川政司の研究

「雄略紀」五年の昆支（軍君＝琨支）渡来の記事は、それまでその史実性をうたがわれていました。ところが一九七一年、百済二度目の王都公州で武寧王の墳墓が発見されたのです。古墳から出土した墓誌には「寧東大将軍百済斯麻王年六十二歳　癸卯年五月丙戌朔七日壬辰崩到」と刻まれています。「寧東大将軍の百済の斯麻王は、年齢六二歳で癸卯年、五二三年五月七日に崩御した」という意味です。

寧東大将軍は、五二一年に武寧王が中国南朝の梁の武帝から与えられた軍号です。この銘文から武寧王が五二三年に六二歳で死んだこと、諱《いみな》が斯麻《しま》であることがわかりました。『日本書紀』「継体紀」一七年（五二三）条にも、「夏五月に百済の王武寧が崩じた」とあり、『三国史記』「百済本紀」武寧王二三年（五二三）条にも「夏五月王が崩じた」とあるので、武寧王の死亡年は正確であることがわかったのです。

ところで『三国史記』の記述と異なる三つ目の史料は『南斉書』です。斉（四七九～五〇二）は南北朝時代において江南に興った国ですが、『南斉書』は同じ南朝の梁（五〇二～五五七）の蕭子顕が書いた紀伝体の史書です。

『日本書紀』「雄略紀」の四六一年に入国したと記されている昆支が、武寧王の発掘で百済武寧王の父であることが証明されたので、最大の問題は、昆支が四七七年までに百済に帰国したかどうかです。『三国史記』は文周王が蓋鹵王の後を継いだとしていますが、『日本書紀』「雄略紀」二一年条の分注には「汶洲《もんしゅう》王は蓋鹵王の母の弟である」と書かれています。

古川政司は、百済王の中で史料の整合的理解を妨げている中心的人物は文周王であると考えました。古川は文周王の系譜復元のための史料批判の原点は、『南斉書』「百済伝」の記述にあるとしました。というのは、五一九年前後に成立した『南斉書』は文周王の遣使から四〇年後、東城王の遣使から三〇年後の同時代的史料価値をもっているからです。

重要なことは、文周王と東城王の続柄が祖父、孫の関係であったことを記述した部分が、四九〇年に出された南斉世祖の詔文中にあることです。古川政司は「五世紀後半の百済政権と倭」(『立命館文学』1、一九八一)で次のように述べています。

「南斉書』と『百済新撰』の系譜を統一してみると、次の点で整合しないことがわかる。即ち、東城王の父は昆支であるが、その昆支の父は文周王ではなく、毗有王である。従って東城王の祖父を文周王とする『南斉書』と、それを毗有王と考えざるを得ない『百済新撰』とは、あたかも相互に異なった主張をしているように思われる。

しかし、両史料を信頼する限り、毗有王を祖父として昆支を父とする東城王が、同時にまた文周王を祖父とするような系譜関係は一つしかない。

それは、文周王と東城王との祖父、孫という系譜は、父系を辿った関係ではなく、母系を辿った場合のみ可能だということである。従って、東城王の母たる女性は文周王の娘であり、同時にまた昆支の妻のひとりであったことになる。『南斉書』と『百済新撰』に信憑性を認め、それらの系譜を整合的に理解しようとすれば、これ以外の理解は成立しないのである。

## ❖蓋鹵王と昆支は毗有王（余毗の子）

『日本書紀』が引用している『百済新撰』の系譜は、蓋鹵王と昆支は兄弟関係であり、武寧王（余慶）と末多王（東城王）は、父が昆支で母は異なる腹違いの兄弟です。古川政司は以上のような考察を経て、毗有王（余毗）から武寧王に至る百済の系図を作成しました。

『三国史記』「文周王紀」を見てもわかるように、文周王の弟昆支が内臣佐平に任命され、長子の三斤が立太子したと書かれています。この記事から古川は、四六一年に倭国に渡来した昆支が四七七年頃に百済に帰国したと考えました。当然、そのように考えるのは合理的だからです。古川は次のように述べています。

昆支の帰国時期を四七七年頃とみてよい理由は、彼が四五八年の段階で征虜将軍左賢王としての王族内の最高位についていることが、『宋書』「百済伝」に記されていること、従って彼が蓋鹵王戦死後に王位につかなかったこと自体が、昆支自身いまだ四七五年の時点で百済に帰国していなかったことを示唆しているからである。四七七年頃に倭国に居た昆支が帰国し、内臣佐平に就任すると同時に、それに対抗するかのように文周王の長子三斤が立太子したのは一つの重要な論点になろう。

古川政司は、蓋鹵王の戦死および王都漢城の陥落の情報が倭国に伝わった時期を四七六年中とし、昆支が百済王都へ帰国した時期を昆支が内臣佐平に任命された四七七年四月以前と想定しました。しかしこの推測は、古川の画期的な発見に刺激を受けた石渡信一郎の調べによって、逆に古川の勇み足であったことがわかったのです。

## ❖「大王」を意味する百済語

新旧二つの渡来集団によって日本は建国されたと想定する石渡信一郎は、実は古川政司と同じ問題に直面していました。石渡は『三国史記』「百済本紀」文周王条の「四七七年四月の王弟の昆支を内臣佐平に任じた」ことと、「七月に昆支が死んだ」という記事を信頼していたので、当初昆支を誉田山古墳（応神陵）の被葬者の候補から除外しました。

その頃の状況を石渡が『応神陵の被葬者はだれか』（一九九〇年）に次のように書いています。

だが私はその後『日本書紀』が昆支の帰国を記録していないことに気がついた。「応神紀」にみえる直支王や、「斉明紀」にみえる豊璋の場合のように、『日本書紀』は、倭国にきていた百済王子が帰国した時には、その年など必ず記録しているにもかかわらず、昆支の場合に限って帰国を記録していない。

また、「雄略紀」二三年（四七九）条に昆支の二番目の子末多王が百済王になるために帰国した時、まだ幼年であったと書かれているが、幼年の末多王を倭国に残して昆支が帰国していたというのはいかにも不自然である。二つのことは、昆支は百済に帰らなかったことを示唆している。

そこで私は『三国史記』の昆支死亡の記事は虚構でないかと考え、あらためて『日本書紀』を入念に読んでみたところ、「雄略紀」五年（四六一）条の記事に昆支が「軍君《こにきし》」と書かれていることに気がつき、胸を躍らせたのであった。というのは、「コニキシ」は、百済語で「大王」・「国王」を意味する言葉だからである。

このことから、石渡信一郎は「軍君」が「大王・国王」を意味する称号であるとすれば、『日本書紀』に昆支が「軍君」と書かれているのは、昆支が大王・国王であったからだと考え、昆支が王位に就いた国は倭国以外には考えられず、四七七年に百済で昆支が死亡したという『三国史記』は史実性がなく、虚構の記事であろうとしました。それでは『三国史記』は、なぜ、文周王を蓋鹵王の子として、昆支を文周王の子としたのでしょうか。石渡は偽りの系譜をつくった理由を次のように分析しています。

蓋鹵王の死後、「左賢王」の地位にあった昆支が即位するのが当然であるが、昆支が百済王にならなかったのは、百済の国王となるよりは倭国の国王になるほうを選んだからと思われる。蓋鹵王が死亡したとき倭国にいた昆支は、倭国興のもとですでに第一人者であり、興の後継者として予定されていたのであろう。

昆支は倭国王となって百済を援助することによって、兄蓋鹵王を殺害した高句麗に復讐しようと考えたに違いない。そのために百済の王位を文周王に譲った。そこで王位継承権順位で昆支よりずっと低い傍系の文周王が即位することになったためである。

しかし、倭国も百済も昆支が後に倭国王となったことを秘密にした。そこで傍系の文周王が即位した事情を隠すために、百済は文周王を蓋鹵王の子とした史書（以下百済史料X）を作成した。『三国史記』はこの百済史資料Xに基づいて、『三国史記』「百済本紀」を編纂したのである。

# 第四章　応神陵の被葬者百済の王子昆支

## 1　応神陵の実年代

### ◈応神陵の実年代

『三国史記』は、昆支が伯父の文周王に百済王位の継承権を譲って倭国に渡来したことを隠し、文周王と三斤王を百済正統の王としました。四七七年四月に内臣佐平になった昆支が、七月に死んだという『三国史記』の記事は虚構だったのです。誉田山古墳（応神陵）の被葬者を昆支と推定する最大の障害であった『三国史記』の昆支死亡記事の問題を、ついに石渡信一郎は解決したのです。

石渡が昆支を誉田陵の被葬者に違いないと考えたのは、大山《だいせん》古墳（伝仁徳陵）が四九九年に着工されたことがわかったからです。石渡は誉田山古墳の着工年代を大山古墳より一〇年古い四九〇年前後と推定しました。そして誉田山古墳（応神陵）を、応神が五〇歳の時に始めた寿《じゅ》墓《ぼ》（生前に造る墓）と考え、応神の出生年を四四〇年の庚辰前後としました。

すると『日本書紀』が応神の生年を干支四運（二四〇年）繰り上げ、西暦二〇〇年の庚辰の年としていることが判明したのです。ちなみに『日本書紀』「神功紀」の仲哀天皇九年（西暦二〇〇年の干支は庚辰の年）の一二月条には「誉田天皇（応神天皇）を筑紫で生んだ」と書かれています。ちょうどその年は「神功の三韓征伐」の年です。

石渡は四四〇年に百済の王都漢城で生まれた応神が、崇神王朝の入り婿となるために日本に渡来したのは四六〇年代と想定できるので、この頃日本に渡来した百済の王子を『日本書紀』に探したところ「雄略紀」五年（四六一）に百済の王子昆支が渡来したという記事が見つかったのです。

応神陵の年代が「五世紀から六世紀初頭」という石渡信一郎の考察は、先学の研究者に基づくものです。地理学者の日下雅義がすでに誉田山古墳の墳丘外の地層を調査して、その地層のズレから誉田山古墳の年代を五世紀末から六世紀初頭と計算していました。また川西宏幸は、大山《だいせん》古墳の近くから出土した円筒埴輪の年代から、大山古墳の年代の下限を六世紀初頭と推定していたからです。

川西宏幸は、近畿地方とその周辺の円筒埴輪をその型式から五期に分類した「円筒埴輪論」を『考古学雑誌』（第六四巻二号）に発表していました。石渡信一郎は日下や川西の研究成果をもとに、須恵《すえ》器や土師《はじ》器の編年から誉田山古墳の年代を探ることにしたのです。

### ❖須恵器の年代

土師器は弥生時代土器につづく赤褐色の土器です。いっぽう須恵器は一〇〇〇度以上の温度で焼いて造られ、古墳時代中期に現れる青灰色の陶質土器で、たたくと甲高い音がします。須恵器は古墳から恒常的に出土するので、その型式編年は細かく整備されています。

田辺昭三の『須恵器大成』によると、誉田山古墳の実年代は四五〇年です。大阪府百舌鳥《もず》古墳群の石津山古墳（伝履中陵）の埴輪は土師質ですが、誉田山古墳の埴輪は土師質と須恵質が混在しています。また大山古墳（伝仁徳陵）の埴輪はどれも須恵質埴輪です。田辺は須恵器の生産が開始された時期を五世紀中頃とすることによって、誉田山古墳（応神陵）の年代を五世紀中頃から後半の初め頃と位置づけました。

しかし、田辺昭三が須恵器の生産開始を五世紀中頃としたその根拠は何にあったのでしょうか。埼玉県行田市にある稲荷山古墳から出土した鉄剣の銘文には「辛亥年」という文字が刻まれていることは見てきた通りです。

田辺昭三はこの「辛亥年」を「四七一年」とみなして、これを根拠に須恵器の生産開始を五世紀中頃としました。稲荷山古墳からは鉄剣・挂甲・鏡・矛・轡・鐙・鈴などのほか、須恵器と埴輪も出土しています。田辺は稲荷山古墳から出土した須恵器について次のように述べています。

その須恵器は高倉四七型式の中でもやや古い形式的特徴をもっている。鉄剣の製作年代を示す「辛亥年」を四七一年とすれば、高倉七型式は四七一年をさかのぼらず、また「辛亥年」を五三一年とすれば、高倉四七型式を六世紀中葉まで下げて考えなければならない。現段階では、「辛亥年」を四七一年とする説に基づいた年代観をとりたい。

文中の「高蔵四七型式」は大阪府陶邑《すえむら》窯跡群の高蔵寺窯を指し、田辺昭三の表では「TK四七型式」は、高蔵寺四七窯で製作された須恵器の型式です。このように須恵器の生産開始時期を求める作業は、稲荷山古墳出土の型式をもとにして行われているのです。これは稲荷山古墳から出土した鉄剣銘文の「辛亥年」を四七一年としているからです。石渡信一郎はこの問題についておおよそ次のように述べています。

「辛亥年」は五三一年とするのが合理的である。稲荷山古墳の礫槨《れきかく》からは、銅碗《どうわん》が出土していているが、銅碗は六世紀後半から七世紀前半頃の古墳から出土することが多い。稲荷山古墳から出土した画文帯環状乳神獣鏡と同型の鏡が高崎市八幡町観音塚古墳からも出土しており、観音塚古墳からは銅碗も発見されている。同古墳の年代は六世紀末とされている。稲荷山古墳の調査をした東京大学の斎藤忠も、副葬品の組み合わせから稲荷山古墳の年代を六世紀前半として、「辛亥年」五三一年としている。

### ◈百済武寧王陵の築造年代

石渡信一郎によって大山古墳（伝仁徳陵）の着工年代が四九九年とわかったのは、武寧王の築造開始の年を知ることができたからです。武寧王陵の墓室の塼《レンガ》の中に「士　壬辰年作」という銘入りの塼が見つかり、この壬辰《じんしん》年は五一二年と推定されたからです。武寧王が五二三年に六三歳で死んだことは武寧王陵から出土した墓誌からもわかります。

すると五二三年は武寧王（余隆）が五二歳の時になります。武寧王が寿墓を造り始めたのは、五一一年頃とみることができます。そこで大山古墳（伝仁徳陵）も継体が五〇歳になった年に着工したと石渡は推定しました。武寧王と大山古墳（伝仁徳陵）の副葬品は、両者の密接な関係をうかがわせ、そこから両古墳の築造年代はぼ同じと考えられるからです。

『日本書紀』は継体二五年（五三一）に継体が八二歳で死去したと書いています。そこで五三一年から逆算すると、継体が五〇歳になった年は四九九年ということになります。四九九年の干支は己卯《きぼう》の年です。そこで石渡は「継体の墓である大山古墳が仁徳の墓と伝えられているからには、『日本書紀』は実在の大王継体を架空の天皇仁徳とし、「仁徳紀」に継体が寿墓の築造を始めた年を、干支を何運か繰り上げて書いているに違いない」と考えました。

案の定、仁徳が河内の石津原《いしつのはら》に陵を造り始めたという仁徳六七年（三七九）の干支が己卯の年であることがわかったのです。『日本書紀』編纂グループは、継体の寿墓の起工年を干支二運（一二〇年）繰り上げて、仁徳の寿墓の起工年としていたのです。そして、石渡信一郎は応神と継体の関係について次のように述べています。

『日本書紀』が応神の生年四四〇年（庚辰）を干支四運（二四〇年）繰り上げて、二〇〇年（庚辰年）にしているのは、応神の架空の母である神功を卑弥呼に見せかけるためと、応神自身の出自を隠すためである。

誉田山（応神陵）と継体の年齢が一〇歳しか違わないことから、応神の次の大王（天皇）が継体であることは明らかである。

つまり、「記紀」に見える応神と継体の間の一〇人の大王（天皇）、仁徳・履中・反正・允恭・安康・仁賢・武烈はまったく架空の存在なのである。雄略も実在していなかったのだから、雄略＝「獲加多支鹵大王」説は根底からくつがえってしまうことになる。また「記紀」は継体を応神の「五世の孫」と書いているが、四五〇年に生まれた継体が、四四〇年に生まれた応神の「五世の孫」であるわけがない。

## 2　アスカの語源

### ❖「昆支御陵」＝ホムタノミササギ

石渡信一郎が誉田山古墳（応神陵）の被葬者が昆支であるという決定的な証拠を発見したのは、一九八九年の春でした。当時石渡は、昆支のことよりも「アスカ」の語源を解明することに没頭していました。ある日のこと、誉田山古墳の所在地である羽曳野市誉田の地名「誉田《こんだ》」が、応神の名である誉田（品陀）の場合はホムタ、ホンダと読まれていることに気づきました。

突然、彼の頭の中に次のようなことが閃いたのです。「『日本書紀』では、昆支の昆はコム・コニなどと読まれているが、古代日本語ではコとホは交替したから、昆はホム・ホニとも読まれていたに違いない」

これは言語学のいうKH変換で、朝鮮語でも、コンからホンに転嫁することがわかりました。昆支がホン・ホムと読まれることがわかれば、ホムタのタが余昆と昆支が同一人物であることから、昆支の「支」は尊称に違いないと考え、ホムタのタと昆支の「支」の関係を解明することに取りかかったのです。

まもなく昆支の「支」が古代朝鮮語の尊称のチであることがわかりました。五、六世紀の百済や日本で、昆支の昆がコン・コムと読まれ、尊称のチがキ・シのほかにチとも読まれていたとすれば、昆支はコンキ・コムキ・コニキのほかにホンチ・ホムチなどと呼ばれていたことになります。

### ❖飛鳥＝アスカの語源

応神はもともとホムタと呼ばれていたにちがいありません。八幡神社の祭神として、「品陀天皇」と当て字されるようにもなります。応神の墓とされる誉田山古墳（応神陵）の被葬者が昆支であることは、ホムタノミササギ（誉田陵）という名称からも明らかです。なぜならホムチ（昆支）＝ホムタノミササギは「昆支の御陵」の意と解することができます。

百済の左賢王であった昆支（余昆）は倭国王武となり、倭国で死んで河内羽曳野の巨大古墳に埋葬されたにちがいありません。そして和歌山県橋本市の隅田八幡神社が所蔵する人物画像鏡の銘文も、昆支＝応神が倭国の大王になったことを証明しています。しかしこの銘文を解読するためには、飛鳥の地名の意味を知らなければなりません。

ホムチが昆支の別名であることがわかってから二、三ヵ月後のある朝、石渡信一郎は窓外に見える札幌市街の風景を眺めながら、いつものように「スカ」の意味を考えていました。というのは、それまで「アスカ」の地名はスカという地名にア・カ・イという語がついたものであることがわかっていましたが、その朝は「スカ」の意味を考えていたのです。

その時不意に、「スカはカラ（加羅）の語尾が落ちたもので、アスカはアスカラのラが脱落したものだ！」という考えが閃きました。「その時の喜びは今でも忘れない。それまで経験したことのない最大のインスピレーションであった」と石渡は語ります。そしてアスカのスカの意味を次のように解いたのです。

> 　地名のスカはソカに通じる。奈良県橿原市大字曽我の蘇我川は『万葉集』（巻一二三〇八七）に「真菅よし　宗我《そが》の川原に鳴く千鳥《ちどり》　間《ま》なし我《わ》が背子《せこ》我《あ》が恋ふらくは」と歌われているが、「真菅よし」は「良い」の意味で、「蘇我」にかかる枕詞であり、スガがソガに通じることがわかる。
>
> 　さらにスカ・ソカはサカに通じる。奈良県高市郡明日香村大字飛鳥の小字にアサカがあり、アソカとも呼ばれる。スカ・ソカ・サカはスカラ・ソカラ・サカラの語尾のラが脱落したものである。加羅のラがヤと交替して加耶となるように、スカラ・ソカラはラとヤが交替してスカヤ・ソカヤの地名になっている。
>
> 　これらの中には、須恵器生産の製鉄と関係がある地名が多い。埼玉県比企郡嵐山大字菅谷は、古くは菅加谷と書かれ、須恵器古跡群として知られている。また、島根県飯石郡吉田村菅谷は古代から製鉄が行われていた。
>
> 　また、スカラ・ソカラ・サカラの語尾はラとタが交替してそれぞれスカタ・ソカタ・サカタという地名になっている。古代日本語ではタ行の子音tとラ行の子音rが交替したからである。「達」の字は、本来は「タツ」と読まれるが、達磨の場合は「ダル」と読まれるようにである。

京都府船井郡園部町曽我谷は、ソカタの転訛と考えられるが、曽我谷にも須恵器古窯跡群がある。スカ・ソカ・アスカとソハラ・サハラとは密接な関係がある。これは昆支がホムチと呼ばれたように、カ行の子音がハ行の子音fもしくはpと交替して、ソカラ・サカラのカがハに変わり、ソハラ・サハラとなったためである。三重県一志郡三雲村には曽原の地名がある。

このように、スカ・ソカ・サカはスカラ・ソカラ・サカラという地名に由来するが、アスカ・カスカ・イスカはこのスカの語頭にア・カ・イがついたものである。

## ❖「大東加羅」＝アスカラ

驚くべきなのは、石渡信一郎はこれらスカラ・ソカラ・サカラを次のような根拠から百済系倭国の国名と推定したことです。

ナニワ（難波）という地名はナムカラ（南加羅）という別名に由来するから、飛鳥の原形のアスカラが、スカラの語源にアがついたものとすれば、スカラのカラを加羅とみて、スカラも国名とみるのが合理的である。スカラ・ソカラ・サカラに由来する菅谷・曽我谷・菅田・早良という地名や神社は、須恵器や鉄の生産地は百済系倭国の要地であった。そのためにこれらの生産地にスカヤ・ソカヤ・スカタ・サハラなどの百済系倭国の名が残ったと思われる。

スカラ・ソカラ・サカラなどの百済系倭国の国名と推測できたので、石渡はアスカラ・カスカラ・イスカラの語頭のア・カ・イの解釈に取り組みました。加羅系倭国の国名は、南加羅のほかに大加羅があります。

『日本書紀』「垂仁紀」に「御間城天皇（垂仁のこと）の世に額《つぬ》に角の生えた人が、一つの船に乗って越国の笥飯浦に停泊した。それでそこを名付けて角鹿という。その人にどこの国の人かと尋ねると、その人は意富加羅《おほから》の国王の子で、名は宇斯岐利叱智干岐《うしきありしちかんき》といいます。人づてに日本国《やまとのくに》に聖皇がいると聞いて参上しました」と書かれています。ここでは大加羅は意富加羅と表記されていますが、大加羅はカカラとも読まれています。

カカラの語頭のカは朝鮮語で「大」を意味するヨですが、ヨは日本語でカ・キ・ク・ケ・コなどの音に変わっています。そこでスカラを国名とみれば、カスカラの語頭のカはヨとみることができ、古代日本語ではカ行の子音kが不安定でよく脱落したからカスカラの語頭のカもアと交替したというのです。

アスカラのアはこれであり、イスカラのイもキがイとなったものです。とするとアスカラ・カスカラ・イスカラはすべて「大きな加羅」という意味になります。ではいったい、スカラのスとは何を意味しているのでしょうか。少々長文ですが、石渡説のもっとも根幹にかかわる箇所なので全文引用します。

この問題を解く鍵は、アヅマ（東・東国・吾妻）にかかる「鶏が鳴く」とアスカ（飛鳥・明日香）にかかる「飛ぶ鳥の」という二つの枕詞に隠されていた。朴時仁《パクシイン》は「日本紀地名の疑問点」（『東アジアの古代文化』四二）で、「鶏・鳥」がアズマ（東）を意味したと指摘している。「鶏が鳴く　吾妻の国」（『万葉集』巻二―一九九）のように、アズマ（東・東国・吾妻）にかかる枕詞であるが、朴時仁によると、アズマと「鳥・鶏」が結びつくのは両者が「鶏・東・新」を意味する朝鮮語の새（サ）に由来するからだという。そこで、私は「鶏が鳴く」に似ている「飛ぶ鳥の」というアスカにかかる枕詞も사に関係あるのではないかと考えた。

鳥が飛ぶところ、あるいは飛ぶ鳥に関係あるところは、飛鳥の地以外にも日本には無数あるから、日本語では「飛ぶ鳥の」というアスカにかかる枕詞の意味が説明できないからである。アスカの原形であるアスカラのアは「大」、カラは「加羅」であるから朝鮮系渡来人の子孫に「鳥」を連想させる語はスのほかにないし、スは사に音が似ているから、スと사は密接に関係があるに違いないと考えた。

そこで、何かいい材料はないかと思い、金想煒の『古代朝鮮語と日本語』を読んでみると「東・曙・新」の意味のᄉᆡ〔sʌi〕が「濊・徐・斯」などの東方の諸種族の名称に使われ、ᄉᆡの音が사などと変わった形は多数の古地名に使用されていることがわかったのである。

東夫余という国名の東も시であるという。とするとアスカのスが시であり、시がなまった새が「鳥」を意味する새と同音であることから、アスカという国名が朝鮮系古代人に「鳥」を連想させたとみてよい。

アスカのスが「東」を意味する시であるとすれば、アスカの原形のアスカラという国名は、古代朝鮮語で「大きな東加羅」・「大東加羅」を意味する。つまりスカラ・ソカラ・サカラはすべて「東加羅」という意味の国名であり、カスカ・イスカラもアスカと同様、「大東加羅」の意の国名ということになる。「日本」を「大日本」と呼ぶように「東加羅」は「大東加羅」とも呼ばれたのである。

## 3　「日十」＝「日下」＝「日本」

### ※隅田八幡人鏡銘文の「日十大王」はだれか

それでは昆支（応神）が五〇三年に倭国の大王であり、継体が昆支の弟であったと記録している隅田八幡人物画像鏡銘文の「日十大王」に戻って、これをどのように読むことができるか、再検証してみます。銘文は次の通りです。

癸未年八月日十大王年男弟王在意柴沙加宮時斯麻念長奉寿遣開中費直穢人今州利二人尊所取白上銅二百旱作此竟

この銘文を福山敏男は「癸未《きび》の年八月、日十大王の年（世）、男弟王が意柴沙加《おしさか》（忍坂）の宮に在した時、斯麻が、念長奉、開中費直穢人今州二人等をして白上（精良）の銅二百旱を選び取って、この鏡を作らせた」と解釈したことは、先述しました。福山は癸未《きび》の年を西暦の五〇三年とし、「日十大王」を「日十」「ヒソ」と読み、第二四代天皇仁賢とします。

長年の論争を経て最後に残された問題は、日十大王はだれか、本当に仁賢天皇を指すのか、そして「日十」をどう読むかということでした。「日十大王」が特定できれば癸未年もわかるはずです。したがって「日十」は、ヒソ・ジジュウ・クサカ・ヒトなど多くの説が出されました。しかし石渡信一郎をのぞいて誰も昆支＝応神とは考えてもいません。

石渡信一郎はすでに「日十大王」は昆支であると見当をつけていましたが、その頃アスカのスカがスカラに由来することを論証する作業で、たまたま筑前早良の「早良」が、『和名抄』の写本の一つである伊勢本では、旱良と表記されていることを知りました。そこで「日十」について次のように考えたのです。

早良は「東加羅」の意のサカラに由来する地名である。この地は古くはサカラ・ソカラと呼ばれていたが、本来、サカラ・ソカラと読まれていたとすれば、早・旱はサカ・

ソカと読まれていたことになる。おそらく、시カラ（東加羅）の語尾落ちたソカ・ソカ・サカは、早加・早可などと表記されたのであろう。そしてこの表記をさらに簡略化するために、早の一字でソカ・スカ・サカと読ませるために作られた字であろう。ところで古代では早・旱はクサカと読まれていた。

시カラ（東加羅）の語尾のラが落ちたサカ・スカの表記であった早や旱が、「大」の意の시をつけてクサカと読まれているうちに、やがてクサカと読むほうが普通になったものと思われる。

そして旱が、日下という二つの字に分けられるように、ソカの表記である「早」の字も日十という好字に分けられたと思われる。「日十大王」の「日十」は、このソカの表記の日十であろう。したがって「日十大王」は「ソカ（スカ・サカ）大王」すなわち「東加羅大王」の意とみてよい。

このようにして石渡信一郎は隅田八幡人物画像鏡の銘文を次のように解釈したのです。

癸未年（五〇三）八月、日十大王（昆支）の年（世）、男弟王（継体）が意柴沙加宮《おしさかのみや》（忍坂宮）に在《いま》す時、斯麻（武寧王）は男弟王に長く奉仕したいと思い、開中《ぺいちゅう》（辟中）の費直（郡将）と穢人昆州利《こんつり》の二人の高官を遣わし、白い上質の銅二百旱を使ってこの鏡を作らせた。

さらに石渡は「日十大王」の「日」について次のような感嘆すべき解釈をしています。

日の字はクサカのほかにカスガとも読まれていた。正倉院宝物銘文に尾張国八郡の一つとしてあげられている「日部郡」は春日部《かすかべ》郡を指すものとみられている。クサカとカスカは同義で、「大東加羅」に由来する語であるから、日の字がカスカと読まれるわけである。

七世紀後半に定められたと見られる「日本」という国名も、「大東加羅」の意の「日下」に由来すると推定される。「日下」は訓読みすれば「ヒノモト」となるが、モトと読む「下」を「本」という好字（よい字・めでたい字）に書き替えれば「日本」となる。国名の「日本」は、これをニホン・ニッポンと音読みしたものであろう。

見事！　というほかはない石渡の解読に、私のほうではつけ加えるなにものもありませんが、最近、関連する小さな発見がありました。そのことを本書の末尾に「終章」として付させていただきますので、それを楽しみにして以下読み進めていただければ望外の喜びです。

## ◈河内湖の大干拓事業

ここでは仁徳天皇を継体天皇の架空の分身（虚像）と想定して「記紀」に書かれた史実を反映している箇所を探していくことにします。考古学的には、仁徳陵の実年代が通説の五世紀半ばではなく、六世紀初頭に推定している森浩一などの説もあるからです。

『日本書紀』神代第八段の一書第六によれば、鷦鷯《さざき》の羽を衣服にした少彦名命《すくなひこなのみこと》が大《おお》己貴命《なむよれち》の国家建設に協力する話が出てきますが、『日本書紀』は昆支の弟余紀＝継体が、応神＝昆支の建国に協力したことを言い表しています。

また「仁徳紀」元年条に応神（誉田天皇）がわが子仁徳が生まれた同じ日に飛び込んできた「木菟《つく》」（ミミズク）と大臣武内宿禰の「鷦鷯」とを交換してわが子に「大鷦鷯」の名をつけたという話が書かれていますが、武内宿禰は余紀＝継体＋昆支＝応神をシンボライズした架空の人物とすればわかりやすいでしょう。

石渡信一郎は、武内宿禰について、武内宿禰の「武」は武（応神・昆支）、「内」は昆支が百済にいた時の官位「内臣佐平」からとられており、蘇我氏が応神（昆支・武）系の大王であることを隠すために創作された人物としています。

金剛・生駒山地の西麓、石川と大和川が合流する河内南部に本拠を置く倭王済に婿入りした昆支は、水野祐が指摘したように「河内平野の干拓という大事業、つまり淀川や旧大和川の反乱で、長い間、入り海であった河内平野の治水灌漑に専念した大王」と考えてよいでしょう。

李進熙が「武寧王と百済系渡来集団」（『東アジアの古代文化』八）で、五、六世紀における河内地方の開拓について次のように述べているのは示唆的です。

河内地方において弥生以来の稲作に大変革をもたらしたのは、淀川や大和川に堤防を築いて洪水を防ぐとともに後背地を乾田にかえる水路を作らなければならず、羽曳野丘陵地帯に灌漑用水を供給するための貯水池を多数作らなければならない。と同時に開墾用の新たな鋤《すき》や鋸《のこ》などを大量に供給しなければならない。しかしながら、こうしたものは従来の稲作技術から導きだしえないものであって、新たな農業・土木・製鉄技術を身につけた集団の渡来によってはじめて可能になる。

李進熙のこのような極めて適切な考察に加え、朝鮮の考古学者・文史衛は「朝鮮三国による畿内地方の開拓」という論文で、古墳時代の中期以降における河内や大和の開拓は主として百済系渡来集団によって行われたことを明らかにしています。石渡が「旧」の加羅系渡来集団に続き、「新」の百済系集団の渡来を想定できたのは、この昆支の倭王済への婿入りと河内平野の壮大な関係が結びついたからです。

石渡は自らの仮説について、「古墳時代中期に河内や大和の原野や台地の開拓をはじめたのは、優秀な農業・土木・などの技術をもった百済系渡来集団であり、その集団を掌握管理していた百済系の王が誉田山古墳の被葬者である。日本列島に騎馬文化を本格的にもたらしたのもこの被葬者を首長とする百済系渡来集団である」と述べています。ちなみに『日本書紀』「応神紀」一四年条にその様子が次のように書かれています。

> 一四年春二月、百済王が縫衣工女《きぬぬいのおみな》を貢上した。名を真毛津という。これが今の来目衣縫《くめのきぬぬい》の祖先である。この年に弓月君《ゆづきのきみ》が百済からやって来た。「新羅人が妨げたので、人夫はみな加羅国に留まっています」と申し上げたので、天皇は葛城襲津彦《かずらぎのそつひこ》を派遣して、弓月の人夫を加羅より招致した。しかるに三年経っても葛城襲津彦は帰還しなかった。
> 二〇年秋九月、倭漢直《やまとのあやのあたい》の祖阿知使主《あちのおみ》とその都加使主《つかのおみ》が共に一七県の自分の党類を率いて来朝した。

この記事は昆支・余紀時代に百済系住民の渡来が組織的に行われたことを如実に物語っています。特に『日本書紀』「仁徳紀」の治水・干拓に関する記事は枚挙にいとまがありません。堀江の掘削《くっさく》と茨田《まんた》堤の築造における武蔵強頸《こわくび》と河内人茨田連《まんたのむらじ》衫子《ころものこ》のエピソードも、昆支の弟余紀＝継体が河内平野の開拓に従事したこと示しています。

「仁徳紀」一一年四月条の仁徳の言葉は当時の河内平野と河内湖の様子がリアルに伝えています。

「今、私はこの国を見ると、野は沢が広遠で田や畑が少なく乏しい。また川の水は正しく流れず、下流は停滞している。少しでも長雨にあえば、海潮が逆流して村里は船に乗ったように水に浮かび、道路もまた泥土となる。そこで群臣は共に視察して、横流する根源を深く掘って海に通じさせ、逆流を塞いで田と家とを安全にせよ」と言った。

# 第五章　日本古代史を真に理解する原点

## 1　日本最大の古墳仁徳陵の謎

### ❈鹿の耳から飛び出た百舌鳥

『古事記』によると仁徳天皇は享年八三歳で丁卯《ひのとう》の年の八月五日に亡くなります。陵は河内国の毛受《もず》の耳原です。しかし『日本書紀』の伝える百舌鳥野陵の話はもっと詳細です。仁徳六〇年（三八二年の壬申の年）条によると天皇（仁徳）は白鳥陵の陵守《みささぎもり》を徴発して役丁《えたちよぼろ》に充てようとして現場に赴くと、陵守の目杵《めき》（人名か未詳）という者が、突然、白鹿になって逃げてしまいます。

そこで天皇は「この陵はもとより空である。そのため陵守を廃止しようと思い、役丁を徴発したのだ。今、この不吉な前兆をみると、はなはだ恐れ多い」。陵守を廃止してはならないと言って、陵守をまた土師連の管轄に置きました。

仁徳六七年（三八三年の己卯の年）一〇月条には「天皇は河内の石津原に行幸して、陵地を定め、初めて陵を築いた。この日に鹿がいて、突然野原から飛び出して走り、役民《えのたみ》の中に入って死んだ。その時、鹿が急死したのを怪しんで、その傷を探ると、百舌鳥が耳から出てきて飛び去った。鹿の耳の中を見たところ、すっかり食いちぎられていた。その場所を百舌鳥耳原というのは、これが由縁である」と書かれています。

この三つの奇妙な話について、石渡信一郎は「『日本書紀』を編纂した天武系（継体系）王統は、陰陽五行の白・鳥・西・金の〝火は金に克つ〟という思想に基づいている」と解釈しています。仁徳は継体の分身的虚像であるから、ヤマトタケルの陵である白鳥陵の陵守も仁徳の使役を嫌い「白鹿」になって逃げ去ったというのです。石津原では「白鹿」ではなく、百舌鳥に耳を食い破られた、ただの「鹿」が使役の中に入って死んだという応神（武・昆支）の敗北と死を意味しているというのです。

「耳原」という命名説話でいえば「垂仁紀」に耳が聞こえないため話すことができず泣いてばかりいた三〇歳になった誉津別《ほむつわけ》（応神の分身）が、大空高く出雲へ飛んでいく鵠《くぐい》（白鳥の古称）を見てものを言うようになった話と共通しています。なぜなら視聴覚の「言」は陰陽五行思想の金に属するからです。

## ❖長尾道と竹内街道

羽曳野古市《はびきのふるいち》の白鳥陵は、仁徳陵よりもむしろ古市古墳群の誉田陵（応神陵）に近く、誉田陵の南西約一・三キロに位置し、近鉄南大阪線古市駅から西に三〇〇メートルのところにあります。八世紀以降、百舌鳥古墳群は和泉国に属するようになりましたが、その前は百舌鳥古墳群と古市古墳群は同じ河内国内にありました。

その頃二つの古墳群は東西に走る大津道（近世の長尾街道）と南の多比道《たじひ》（近世の竹内街道）によって結ばれ大和に通じていました。富田林喜志（近鉄長野線駅一帯）に引かれた石川の水は古市大溝→丹比《たじひ》大溝→河内大溝を経て、北流する中小河川と交差しながら仁徳陵後円部の北側から大阪湾に流れ出たと考えられます。

大津道と丹比道については、『日本書紀』天武天皇元年（六七二）七月条に「七月一日、大海人皇子（天武）方の将軍吹負《ふけい》指揮下の坂本臣財《たから》は河内と大和の国境にある高安城（奈良県生駒郡平群町と大坂八尾市にまたがる）を占拠した。翌朝、坂本臣らが西方を眺めると、大津・丹比の両道から軍衆が押し寄せて来るのが見えた」と書かれています。

## ❖粟ヶ池（伝和邇池）

石川の水が溜められたという伝承のある粟ヶ池（伝和邇池）は、古市駅の次の駅、近鉄長野線喜志《きし》駅の東南五〇〇メートルの所に富田林の市民公園として保存されています。粟ヶ池の周辺には溜池や水路を合わせて約四〇ヵ所あったことが確認され、「仁徳天皇による造成の三〇〇年後、丘陵上《かみ》の石川から灌漑用水を引いた名残り」と伝えられています。

『日本書紀』仁徳天皇一二年一〇月条には「大溝を山背の栗隈県を掘って田とした」とあり、一三年条には「九月茨田《まんた》屯倉を立てた。一〇月和邇池を造った。この月横野堤を築いた」と書かれています。

そして「仁徳紀」一四年（三二六）条に「一一月猪甘津《いかひのつ》に橋を渡した。この年に大道を京《みやこ》の中に造り、南門からまっすぐに丹比邑に至った。また大きな溝を感玖《こんく》に掘り、石川の水を引いて、上鈴鹿・下鈴鹿・上豊浦・下豊浦の四ヵ所の野原を潤し、開墾して四万代《しろ》の田を得た」とあります。

記事中の「感玖」は『和名抄』に「河内国石川郡紺口」と記されているので、太子町に隣接する南河内郡河南町付近と推定されます。また「丹比邑」について、考古学者の森浩一は現在の松原市上田とその周辺とみて、難波に至る大道に通じていたと指摘しています。このことから、筆者は継体が難波を中心とする地に居城を造ったと想定します。

というのは「仁徳紀」一四年の記事は干支三運繰り下げると武烈八年（五〇六）の丙戌の年です。継体即位（五〇七）の一年前の話になります。河内湖干拓事業は倭の五王讃の時代から始まり、百済系昆支（倭王武）→余紀（継体）→ワカタケル大王（欽明）と継続して行われましたが、とくに継体の太子時代（四七八～五〇八）に頂点に達しています。

また『日本書紀』「安閑紀」元年（五三二）一〇月条には、「天皇は大伴金村の奏上を受けて、小墾田屯倉《おわりだのみやけ》と各国の田部（耕作民）を紗手媛《さて》に、桜井屯倉と各国の田部を香香有媛《かかり》に、難波屯倉と各部の钁丁《くわよぼろ》を宅媛に与えた」と書かれていますが、桜井屯倉は「石川郡喜志村桜井」説が有力です。安閑は即位していませんので、以上の屯倉の記事は欽明＝ワカタケル大王の時代に属します。

また、安閑天皇二年（五三三）九月条に設置された五〇数ヵ所に及ぶ屯倉の税収納の管理者に桜井田部連・県犬養連・難波吉士が任じられていますが、桜井田部連は富田林の桜井屯倉の首長と推定されます。天武天皇一三年（六八四）一二月条に「宿禰」の姓を賜った五〇氏の中に「桜井田部連」の名があるからです。

### ❖美具久留御魂神社

粟ヶ池から近鉄長野線を挟んで反対方向の真西の羽曳野丘陵の高台に鬱蒼と茂った偉容な森が見えます。美具久留御魂《みぐるみたま》神社です。神社の創建は崇神天皇の時代とされ、天皇は支士《きし》の茅原に出没する大蛇を鎮めるため、出雲国の大国主命の精霊である美具久留御魂を祀ったと言われています。

ちなみに『日本書紀』崇神天皇六二年七月条に「今、河内の狭山の埴田には水が少ない。そこで灌漑用の池・溝をたくさん掘って民の業を広めさせよ」とあり、一〇月条に「依網池」、一一月条に「苅坂池・反折池」を造ったと書かれています。『日本書紀』頭注に「依網池は狭山池より北流する西除川の西方を北流する河水を、北側に築堤し貯水したと考えられる」とあります。

森浩一は『天皇陵古墳への招待』で次のように書いています。

> 河内山古墳の東方五〇〇メートルの狭山池を水源とする東除川が南から北へ流れている。東除川は古代最大の大池である狭山池の余水を流すための幹線水路である。東除川とは別に狭山池から河内大塚山古墳まではぼ一直線の水路の跡がある。
>
> 狭山池は長らく記紀の記述によって崇神天皇ないし垂仁天皇に造営されたとみるのが学界の定説であった。だが、青年の頃のぼくは狭山池を含め泉北丘陵の須恵器の踏査にはげんだ。すると狭山池の傾斜に六世紀代の須恵器の窯址があるではないか。これを重視すると六世紀後半から七世紀の初めがこの池の造営年代ではないかとする私案を『大阪府史』一巻などで述べ続けた。

〔筆者注：河内大塚山古墳は大阪府松原市西大塚にある墳丘長三三五メートルの全国第五位の巨大古墳です。宮内庁に陵墓参考地とされ、被葬者は雄略天皇とされていますが、石渡信一郎は欽明天皇の寿墓としています〕

さて大国主の精霊「美具久留御魂」とは「水泳《みきくる》＝水潜《みくる》」で水神を表します。左に天水分《あまのいつみくまりの》神《かみ》・弥都波能売命《みずはめのみこと》、右に国水分神《くにのみくまり》・須勢理比売命《すせりひめのみこと》を合祀しています。本殿の裏山は昔から神奈備《かんなび》山と言われ、その周辺には五世紀頃と推定される真名井古墳群、その中に鍋塚古墳があります。

本殿の階段を上らず裏山の頂上に到る小道を迂回する途中に「支子稲荷」という神社があります。「支子」は「きし」と訓み、「支志」とも「岐子」も表記され、もっとも古い記録では鎌倉期寛期年間（一二二九～一二三二）の荘園名として「支子庄」が記録されています。

### ❖二上山西山麓の「王陵の谷」

本殿を背後に階段を下ると、境内の鳥居の遥か向こうの一直線東に二上山が見えるのは、飛鳥川右岸沿いの田原本町の多《おう》神社から真東に三輪山、真西に二上山を見た時の印象にとてもよく似ています。このことは美具久留御魂神社が田原本町の太安万侶と神八井命（第二代綏靖天皇）を祭神とする多神社とが何か深い因縁で結ばれていることを感じさせます。

美具久留御魂神社の境内から見える二上山西山麓の傾斜面谷間の太子町は古来磯長谷《しながだに》とも「王陵の谷」とも呼ばれ、敏達・用明・推古・孝徳天皇と聖徳太子と小野妹子の墓があります。また磯長谷は継体天皇の妃麻績娘子《をみのいらつめ》の父息長真手王《おきながまてのおおきみ》の本拠という説があります。多比道（竹内街道）が磯長谷（現太子町）を経て大和飛鳥と結ばれていたことは先に述べた通りです。

ちなみに天武・天智の父舒明天皇の和風諡号は息長足日広額《おきながたらしひろぬか》、架空の皇后神功の和風諡号は気長足姫《おきながたらしひめ》です。磯長谷の科長《しなが》神社の祭神に息長氏の祖息長宿禰王（「神功紀」に登場、皇后の父とある）が入っています。

石渡信一郎は息長氏の姓「息長」は「オキナガ」と訓まれているが、本来は「息長鳥《しながとり》」の「シナガ」であり、河内の地名「シナガ」（磯長・科長）と同じであると指摘しています。石渡の解釈によれば「シナガ」は「新・東」の意の「シ」が「ナカラ」の「ナガ」の語頭についた語で、「新しい南加羅」「東加羅」を意味するからです。

さらに継体の妃の一人荑媛《はえひめ》の父和邇臣河内の本拠は、通説では天理市和邇とされていますが、石川の水を溜めた喜志の粟ヶ池が「和邇池」と呼ばれたことや、先の「仁徳紀」一三年の記事から現在の富田林喜志一帯と考えるのが合理的です。石渡は継体天皇の妃の一人関媛は茨田連の小望の娘であるが『姓氏録』に河内国皇別とされている茨田宿禰と同祖で河内を本拠にしていたとしています。

このようなことからも、筆者は継体＝「男弟王」が大和桜井の忍坂に移る前は南河内郡南河内を本拠としていたと考えます。

太子町に行くには近鉄長野線喜志駅東口から太子町行きのバスに乗ります。石川にかかる可南橋を渡り「太子四ツ辻」というバス停留所で下車して道なりに北に五〇〇メートル歩くと源氏三代（頼信・頼義・義家）の墓のある広大な通法寺の境内に入ります。通法寺はいわゆる「廃寺」ですが、壷井八幡宮はさらに五〇〇メートル北の高台に鎮座しています。

壷井八幡宮もかつて通法寺の境内にあったのです。通法寺は古市駅で近鉄長野線と別れる近鉄南大阪線の上ノ太子駅からも行くことができます。バスの発着本数から喜志駅が便利です。しかし天気の好い日でしたら上の太子駅から壷井八幡宮までの野道はとてもハイな気分になるので、道に迷わないよう注意すればお勧めのコースです。

## ❖日本最大の古墳仁徳陵

仁徳陵の所在地は堺市堺区大仙町です。一口で言えば日本最大の古墳が仁徳陵ですが、墳丘長四八六メートル、三重の壕の外周は二七一八メートル、その内側の面積は約四万六千平方キロメートルで甲子園球場の約一〇倍と言われています。現在、政令都市堺市の面積は一五〇万平方キロメートルですから仁徳陵はその三二分の一に過ぎませんが、仁徳陵を盟主とする百舌鳥古墳群の墓域は堺市の一〇分の一以上を占める一六万平方キロメートルにもなります。

一九八六年、大手建設会社の大林組が「復元と構想」と題して、仁徳陵の工期・労働・総工費を次のように計算しました。括弧内は現代です。①工期一五年八ヵ月（二年六ヵ月）、②延べ作業員六八〇万七〇〇〇人（二万九〇〇〇人）、③総工費七九六億円（二〇億円）です。④これに円筒埴輪約一万五〇〇〇個分の製造費など六〇・五億円なども加算されます。

ではいったいこの巨大古墳仁徳陵に埋葬された大王はだれでしょうか。本書の趣旨から言えば、継体天皇こと隅田八幡鏡銘文の「男弟王」ですが、しかし現時点では継体天皇が埋葬されている古墳は高槻市の今城塚古墳という説がまだ有力です。本書ではすでに今城塚古墳埋葬説に否定的な意見を述べていますが、決定的な物証があるわけではありません。

かといって今城塚古墳からも継体埋葬説を論証できる遺物は出土していません。また、仁徳陵の呼称についても「伝仁徳陵」とか「大山古墳」にすべきであるとかの議論がありますが、被葬者についての本格的な論はいまだ聞いたことはありません。

## ※巨大古墳の八〇％が天皇陵

ここではまず、大山古墳を中心とする百舌鳥古墳群と、誉田山古墳を中心とする古市古墳群の概要を述べておきます。百舌鳥古墳群は北は三国ヶ丘、南は土師町、東は中百舌鳥町、西は石津町まで東西四キロ、南北四キロの範囲にわたります。五世紀初頭から六世紀の後半まで築造された約一〇〇基の古墳が確認され、現在、半壊状態のものを含め、前方後円墳二一基、円墳二〇基、方墳五基の合計四六基の古墳が残っています。

百舌鳥古墳群の数は古市古墳群より少ないと言えます。藤井寺市にまたがる古市古墳群は東西約三キロ、南北四キロの範囲内に一二三基の古墳が確認されましたが、現存の古墳は前方後円墳二六基、円墳五基、方墳二二基、墳形不明三四基の合計八七基です。古市・百舌鳥古墳群を合わせた数の古墳を築造するとしたら、どれだけの水と溜池と埴輪が必要になるか、まさに想像に絶する話になります。ところで百舌鳥古墳群と古市古墳群のベスト一〇基を揚げると次のようになります。

〔百舌鳥古墳群〕

①大山古墳（伝仁徳天皇、四八八メートル）
②上石津ミサンザイ古墳＝石津丘古墳（伝履中天皇、三六〇メートル）
③ニサンザイ古墳（二九〇メートル）
④御廟山古墳（一八六メートル）
⑤乳岡古墳（一五五メートル）
⑥田出井山古墳（伝反正天皇、一四八メートル）
⑦いたすけ古墳（一四六メートル）
⑧長塚古墳（一〇〇メートル）
⑨永山古墳（一〇〇メートル）
⑩丸保山　古墳（八七メートル）

〔古市古墳群〕

①誉田山古墳（伝応神天皇、四二〇メートル）
②河内大塚山古墳（三三五メートル、陵墓参考地）
③仲津山古墳（伝仲姫皇后、二八六メートル）
④岡ミサンザイ古墳（伝仲哀天皇、二四二メートル）

⑤市野山古墳（伝允恭天皇、二二四メートル）
⑥墓山古墳（応神天皇陪塚、二二四メートル）
⑦城山古墳（津堂城山古墳、陵墓参考地、二〇八メートル）
⑧前の山古墳（白鳥陵、一九〇メートル）
⑨野中宮山古墳（一五四メートル）
⑩ボケ山古墳（一二二メートル）

私のおおよその計算では、百舌鳥古墳群におけるベスト一〇基の墳丘長の総計は一七五八メートル、古市古墳群は二二八三メートルです。そのうち天皇陵と参考地が占める割合は百舌鳥古墳群が七三％、古市古墳群は九三％です。陵墓も天皇陵も陵暮参考地も一般国民はもちろん、研究者（学者）さえ立ち入り厳禁です。〔筆者注：陵墓参考地とは、被葬者が特定できない陵墓。宮内庁が管理する墳墓。一八八二年設定。現在四六基を数える〕

中世には天皇家の力が衰退したので陵墓は荒れ放題でした。応仁の乱（一四六七〜一四七七）の末期、河内守護となった畠山義就《よしなり》は、安閑天皇陵に高屋城の本丸を築きました。この地は北側から西側にかけて大乗川が流れ、東側を石川が北流して大乗川と合流する天然の要害となるからです。ここも現在、本丸址は宮内庁管理により立ち入り禁止です。

## 2　仁徳陵前方部の異変

### ※仁徳陵未完成説

「仁徳陵は継体の墓」という想定に役立つ本があるので紹介します。中井正弘による『仁徳陵――この巨大古墳』という本です。中井は堺市役所に長年勤務した地元の研究者ですが、考古学者の森浩一とも交流をもち、百舌鳥古墳群と仁徳陵に関する優れた関連論文もあります。

まず本を開いていきなり驚かされるのは、一九二六年（大正一五）に宮内庁が測量した「仁徳天皇百舌鳥耳原中陵之図」が履中と並べて掲載されていますが、履中陵に比べて仁徳陵の等高線が前方部（拝所に面する部分）を除いて千々《ちぢ》に乱れていることです。

一説に西日本に一代勢力を持っていた大内義弘が、一三九九年（応永六）に足利幕府と戦った際に築いた城塞の痕跡と言われていますが、考古学者の網干善教《あぼしよしのり》は「仁徳陵未完成説」を提起します。というのは、等高線からは人為的改造によるものと考えられないばかりか、「自然にできた起伏」とする仁徳陵の管理を委嘱された陵掌の記録（『堺市史』昭和五年）があるからです。

さらに不思議なのは、後円部から前方部にかけて起伏が著しいのに比べ、前方部墳丘の拝所に面する部分は三段に築いた等高線になっているからです。中井は前方部の三段成形工事は明治二〇年から二三年頃にかけて行われたのではないかと『堺県公文録』と宮内庁陵監の『陵墓誌』に基づいて推測します。

ところでアメリカのボストン美術館所蔵の「仁徳天皇陵出土」の環頭太刀の柄頭《つかがしら》・獣帯鏡・三環玲・馬鐸の四点は、仁徳陵の前方部墳丘が明治五年の暴風雨で崩壊し石室が露出した際に、堺県令の税所篤《さいしょあつし》が持ち出したものではないかという話はよく知られています。

中井によると明治五年の事件も、幕末まで後円部側から登頂して祭祀を行っていましたが、明治になって前方部側に拝所を設けて、濠外から墳丘を拝むように変更されたことがきっかけで起きました。というのは前方部南部の乱雑さが目立ったので、この部分の雑木の伐採、整地の最中に風水害が発生して墳丘の一部が露出したのです。

## ※二種類の「石棺・石槨図」

実は前方部の石室・石棺は拝所正面に位置する現在の三段築成の墳丘二段目の「登り口」とされる斜面で見つかったという記録が堺の旧家に残されていました。この記録は①『明治壬申年九月七日和泉国大鳥郡仁徳御陵南登り口崩出現ノ石棺並石槨ノ図』、②「御陵登り口切断図」、③「石棺・石槨の図」、④「甲冑の図」の四点です。「御陵登り口切断図」には墳丘の長軸（南北）に対し直角に位置する石室が描かれています。

中井正弘の本と私が入手した『徹底分析・仁徳陵古墳』（後述）を併せ読むと次のようなことがわかります。つまり③の「石棺・石槨の図」には着色（A）と単色（B）の二種あって、

伝仁徳天皇陵「石棺・石槨ノ図」（着色・A／八王子市郷土資料館蔵）

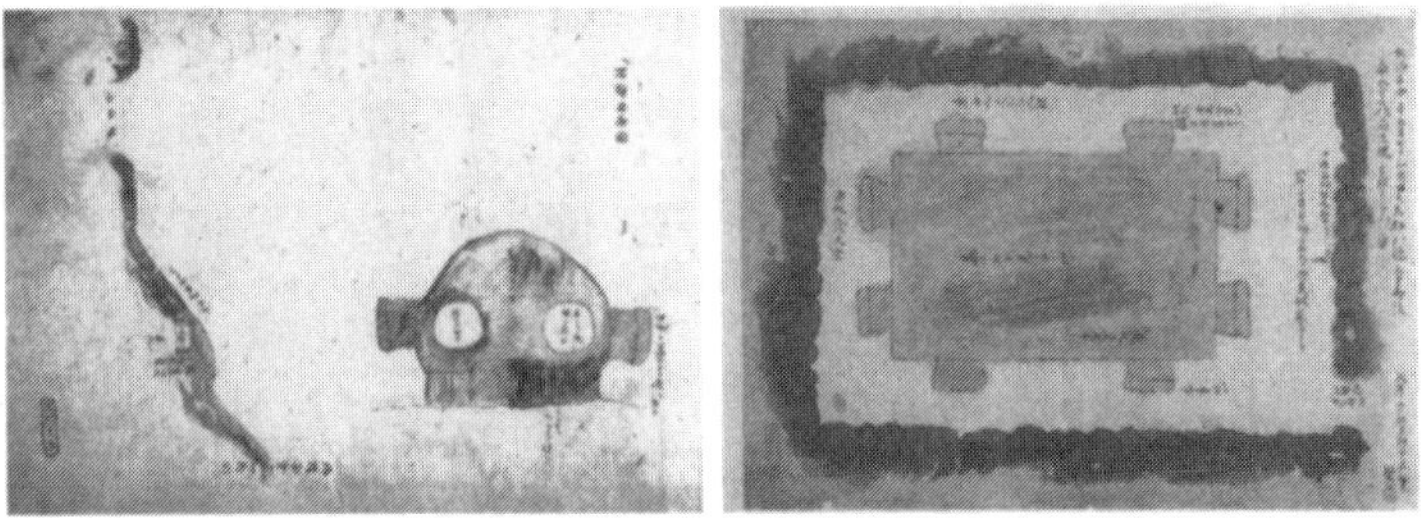

同上（単色・B／大阪歴史博物館蔵）

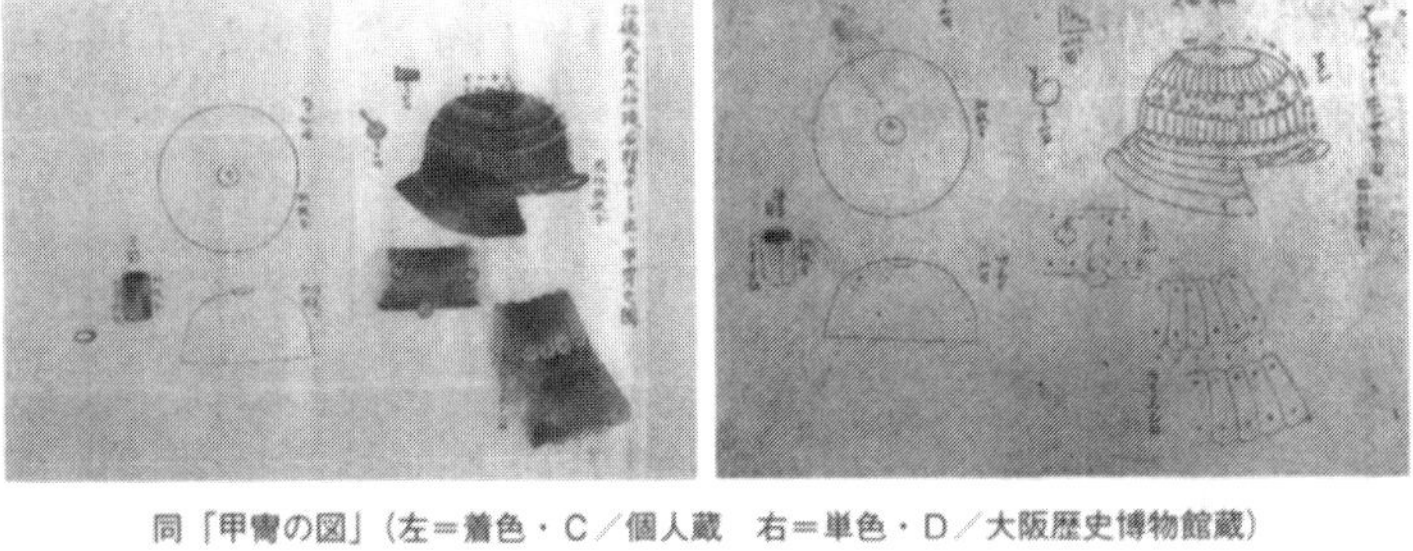

同「甲冑の図」（左＝着色・C／個人蔵　右＝単色・D／大阪歴史博物館蔵）

（A）は八王子郷土資料館蔵、（B）は大阪歴史博物館蔵（岡村文庫）です。

また、④の「甲冑の図」には着色図（C）と単色図（D）の大阪歴史博物館蔵（岡村文庫）があります。阪口英毅（後述）によると（D）は（C）を写したもので岡村家旧蔵のものです。（B）も（D）も大阪歴史博物館所蔵のものは岡村家旧所蔵のものです。

③の絵によると仁徳陵前方部の四面を丸石（河原石）で積んだ竪穴式石室は、縦（東西）三・六～三・九メートル、横（南北）二・四メートルで、その上を三枚の天井石で覆っています。そして石棺には縦二・四～二・七メートルの蓋石が載っていることが判明しました。

先の「御陵登り口切断図」「石棺・石槨の図」「甲冑の図」は宮内省諸陵部に雇われた画師柏木政矩《かしわぎまさのり》が描いた写し図で、現在堺市博物館に常設展示されています。しかし「石棺」と「甲冑」の現物は元の場所に埋め戻され、その「石棺」の模造品が堺市博物館に展示されています。ちなみに八王子市郷土資料館蔵の「石棺・石槨ノ図」は柏木政矩の原図からの模写です。

## ❖堺県令税所篤説

ところで先の堺県令税所篤の話ですが、前方部に石室の露出は暴風雨によるものなどではなく、実は税所の計画的な盗掘ではないかというまことしやかな説があります。税所は薩摩藩出身の勤王の志士であり、かつ西郷隆盛などとの交遊もあり、最後の県令として堺に任命されています。

『堺県公文書』によると明治五年（一八七二）四月一五日、堺県は教部省に対して「仁徳陵」が鳥の巣窟になって汚穢《おわい》・不潔であるので、それを取り除き、清掃したいと伺いを出しています。そして、石室・石棺が露出したとされる同年九月七日から六日後の九月三日付で「大石の下に甲冑・剣そのほか陶類、広大な石棺が見つかりました」という対処法の伺い書を出しています。

翌年の五月二八日、教部省は石室露出についてはなんら触れず、掃除を打ち切り、仮小屋を撤去して、堀に入れた小舟も引き上げるように指示しています。税所篤には県下の古墳を乱掘した前例もあり、掃除に名を借りた計画的な盗掘の噂が立ったのです。しかし中井は勤王の志士であった県令が、聖域である「仁徳天皇陵」を暴くことは思想上からも考えられないと「税所篤盗掘説」を否定しています。

## ❖『徹底分析・仁徳陵古墳』

ところでつい最近（平成二三＝二〇一一年三月二一日）発行の『徹底分析・仁徳陵――巨大古墳の実像を探る』（A四判、七〇頁、巻頭図版八頁）には、古代史・考古学者五名の講演内容が収録されています。その報告の中の樋口吉文（堺市博物館学芸課主幹）の「明治五年仁徳陵発見　石棺・石槨図及び甲冑図について」から、中井正弘の『仁徳陵』ではいま一つわからないことが明らかになったので、以下樋口の講演録を要約して筆者の知見を加えます。

一、明治五年九月一三日付の伺い書から六日経った九月一九日、柏木政矩は石槨内で、石棺・石槨の絵を描いている。しかし石槨と石棺の発見当時者は陵長の池田昇で、税所篤は清掃作業の届け出の最高責任者であった。

二、落合直澄は「明治八年四月、堺で財所篤と池田昇に会った。その時、池田昇が仁徳天皇陵の院長を務めていた頃、九月七日（明治五年）城内に入り掃除をしようとしたら、御陵の前が崩壊し洞窟が露わになっていた」と後年（明治二三年）に書いている。

三、柏木は明治一六年、博物館行政から退き、明治一七年、文部省調査団の関西古社寺歴訪のフェノロサや岡倉天心に同行している。

四、さらに堺・菅原神社の神官古川躬行《みゆき》は明治六年二月二六日、柏木政矩を訪れている。その年の五月二八日に掃除を打ち切り、仮小屋を撤去し、小船を引き揚げるように指示する。

五、また、国学者にして国史学者の小杉榲邨《こすぎすぎむら》は「大山陵の山頂、南の方崩壊（中略）郭内に石棺あり、其周囲に収蔵する御物どもを古川躬行、加柏木貨一郎（政矩）等とともにひそかに拝殿す」と書いている。

六、明治七年一一月二日に再度、陵墓掌丁に限り、樹木の培養などのため立入許可の伺いを出す。明治八年四月一五日落合直澄が来堺し、八王子市郷土資料館の図を鷲雪に模写させる。落合直澄は八王子郷土資料館蔵の「明治五年仁徳陵発見　石棺・石槨（石室）

図」の旧所有者であり、鷲雪は明治八年四月一五日「明治五年に仁徳陵発見　石棺・石槨図」を模写した絵師である。

堺市博物館学芸課主幹の樋口吉文の記事と中井正弘の『仁徳陵――この巨大古墳』を併せ読むと、仁徳陵石棺石槨の第一発見者は仁徳陵長の池田昇で、中井が指摘するように柏木政矩は宮内省書陵部に雇われた画師であり、柏木は堺・菅原神社の神官古川躬行と親密な関係にあったことがわかります。

筆者の調べでは、引用二の「落合直澄」なる人物は、天保一一年（一八四〇）武蔵国多摩郡駒木野村（青梅市）生まれの幕末明治期の国学者にして神官です。豊受大神宮禰宜↓多度津神社宮司↓出雲大社少宮司↓伊勢神宮禰宜を歴任しています。

さて、アメリカのボストン美術博物館所蔵の「仁徳天皇陵出土」の環頭太刀の柄頭《つかがしら》・獣帯鏡・馬鐸の四点の件ですが、『徹底分析・仁徳陵古墳』からも誰が持ち出したのか皆目知ることができません。ボストン美術館所蔵の四点は百済武寧王陵から出土した環頭太刀や獣帯鏡とソックリだといわれています。

獣帯鏡は武寧王陵から出土した銅鏡四面のうちの二面で「細線式獣帯鏡」と呼ばれ、直径二三センチの大型鏡と直系一八センチの中型鏡がありますが、大型鏡は仁徳陵出土の獣帯鏡（二三・五センチ）と酷似していると指摘されています。

森浩一によれば、武寧王陵出土の大型の細型式獣帯鏡の銅型鏡が群馬県高崎市の六世紀後半の綿貫観音山古墳から出土しています。さらに森は熊本県菊水町（現和水町）の六世紀初頭の江田船山古墳出土の獣帯鏡や伝奈良市大安寺村（杉山古墳か野上古墳）出土の獣帯鏡も同型鏡ではないがソックリだとしています。

森は「この大型の細型式獣帯鏡は後漢頃の原鏡を五、六世紀に日本列島か百済で踏み返したと見られ、百済斯麻王大墓（武寧王陵）と上野《こうづけ》の綿貫観音山古墳に分有された」と『天皇陵古墳への招待』に書いています。このようなことから森の仁徳陵の築造年代は六世紀前半であることが推察できます。ちなみに森は「仁徳陵」の代わりに「大山古墳」と呼ぶことを提唱しています。

## ❖古代史が真に理解できる原点

堺市文化財課が発行した『徹底的分析・仁徳陵古墳』で気になるのは、三人目の講演者森下章司（大手前大学準教授）が「出土不明同型鏡」と題して神人歌舞画像鏡と隅田八幡鏡の写真を並べて、隅田八幡鏡銘文の「癸未年」＝四四三年説を黙認していることです。さらに四人目の講演者加藤一郎（宮内庁書陵部墓課）は稲荷山鉄剣銘文の辛亥年＝四七一年説を自明とし、田辺昭三の「須恵器編年表」を掲載しています。

田辺昭三の「須恵器編年表」が稲荷山鉄剣銘文の辛亥年＝四七一年を基準としていることはすでに説明した通りです。隅田八幡鏡銘文の「癸未年」が五〇三年か四四三年か、また稲荷山鉄剣銘文の「辛亥年」が五三一年か四三一年かによって日本古代史の理解が激変します。

辛亥年＝五三一年説のついでに、明治五年に仁徳陵の前方部から石棺・石槨と一緒に出土し、また元の場所に埋め戻されたという「甲冑」のことは先に話しましたが、『徹底分析・仁徳陵古墳』の二番目の講演者阪口英毅《ひでき》（京都大学大学院文学研究科教授）がこれを「金色に輝く甲冑」として報告しています。

坂口は「仁徳陵出土の甲冑」、すなわち「眉庇付冑《まびさしつきかぶと》と横矧板鋲留短甲《よこはぎいたびょうどめたんこう》の製造年代を甲冑編年の五世紀第二四半期としています。つまり須恵器編年のＴＫ二〇八型式期としています。田辺昭三の須恵器編年表の「ＴＫ－七三」→「ＴＫ－二一六」→「ＴＫ－二〇八」は応神陵から仁徳陵の築造年代に該当し、西暦四五〇年から四七〇年にあたります。

石渡信一郎によると「ＴＫ－二〇八」は仁徳陵、長持山古墳、千葉稲荷台一号墳の築造期に該当しますが、その実年代は五一九年から五六一年の間です。すると仁徳陵築造年代について言えば、田辺昭三の「須恵器編年表」と石渡説は約六〇年（干支一運）の違いがあることになります。

稲荷山鉄剣銘文の辛亥年が四七一年か五三一年かの問題はいかに重要であるかおわかりになると思います。ちなみに「ＴＫ－四七」は第四章一項でもふれました「高蔵四七型式」のことで、大阪府の陶邑《すえむら》窯跡群の高蔵寺窯をさしています。「高蔵四七型式」は高倉寺四七号窯で製作された須恵器のことです。

## ❖地元農民の売却説

平林悦治（当時、大阪城天守閣勤務）が『考古学』（九―一一）（東京考古学会、一九三八年発行）に「百舌鳥耳原洪宝録」と題して「明治二五年（一八九二）秋頃堺市南部に住むある有名な神社の神官のところへ百舌鳥村の農民がこの四点（環頭太刀の柄頭、獣帯鏡・三環玲・馬鐸）を持ち込み、油菜《あぶらな》の種を買う費用にと換金していった」という内容の記事を発表しました。

記事を読むと、平林には和泉の鉢ヶ峰の神官で土器や古瓦の蒐集が趣味の父をもつ友人がいて、平林はその友人Kから直接聞いたことを語っているので信憑性があると言えます。

友人Kによると、その後神官は京都の博物館へ出展しようとしたが果たせず、京都の古美術商に一五〇〇円で手放したといいます。そしてこれが明治四一年（一九〇八）にボストン美術館に移ったというのがこの話の骨子です。

記事には当時映された写真が掲載されていて、堺市博物館に展示された時のものと完全に一致していると中井は指摘しています。この四点がボストン美術館の所蔵になった頃、岡倉天心（一八六二～一九一三）がボストン美術館の東洋部長を務めていたので、中井は岡倉天心がこの四点流出にかかわったのでないかと推測しています。

ところで先の中井のいう「ある有名な神社」とは、堺市南区片蔵の桜井神社をさしています。というのは、桜井神社は堺市南区上神谷鉢峰（現鉢ヶ峰寺）の国神社を明治四三年に合祀しているからです。桜井神社周辺の丘陵地帯は日本最大の須恵器窯跡があることから、百済系渡来氏族の桜井宿禰がその祖である阿知使主を祀ったと言われています。

桜井神社を訪ねるには、ＪＲ阪和線三国ヶ丘で難波を始発駅とする南海高野《こうや》線に乗り換え、さらに中百舌鳥駅で泉北高速鉄道に乗り換え泉ヶ丘で下車します。この高野線は、河内長野で古市→喜志→富田林を経て、南下する近鉄長野線と合流して橋本から紀ノ川を渡り、吉野山の極楽橋駅を終点とします。急行と各駅停車の電車を区別して乗車しないとあっという間に河内長野まで運ばれてしまうので要注意です。

## 3　仁徳陵後円部の被葬者はだれか

### ❖「前方部に安閑、後円部に継体」

仁徳陵にはもう一つの謎があります。ボストン美術館の四点は仁徳陵前方部から出土したと言われていますが、もう一つの謎というのは後円部（主体部）にかかわる話です。前方後円墳であれば後円部に古墳の主が埋葬されるのが普通です。

一八世紀初め（享保年間）の「大仙陵絵図」という古い絵図が堺市中央図書館に保存されています。その地図には後円部頂上付近に石室の盗掘穴と大石が描かれています。中井は河内大塚山古墳（羽曳野市南恵我之荘）の墳丘上に露出するごぼ石（御廟石）と呼ばれる石室天井石を連想させるとし、「仁徳陵の石室は竪穴式と推定されているが、古墳時代後期に現れる横穴式石室ということになれば、築造時期はかなり下がっています。しかし、今のところ実見できない」と書いています。

河内大塚山古墳は全国五位の後期前方後円墳です。大正期までは墳丘内に家があったと言われ、かつて住んでいた人の証言から横穴式であるとされています。一九二五年（大正一四）に陵墓参考地に指定され、その後立ち入り禁止になっています。

森浩一は、河内大塚山古墳の被葬者を敏達天皇としていますが、古市古墳群と百舌鳥古墳群における約二〇〇年に及ぶ造墓活動の中で、全国五位の巨大古墳河内大塚山が古市古墳群と百舌鳥古墳群のほぼ中央に位置していることに注目しています。敏達が欽明＝ワカタケル大王の第二子であり、母が宣化の娘であることからも森の指摘は的を射ています。

## ❖巨大古墳見瀬丸山古墳

石渡信一郎は「欽明天皇が亡くなってすぐ河内大塚山古墳に葬られたが、堅塩媛《きたしひめ》が亡くなった五九〇年代に、子の大王用明＝馬子が平田梅山古墳（近鉄吉野線飛鳥駅北、伝欽明天皇陵）に欽明と堅塩媛を合葬し、さらに六一二年には見瀬丸山古墳（飛鳥駅の次駅、岡寺のすぐ傍）に欽明と堅塩媛を改葬したと指摘しています。六一二年の皇太夫人堅塩媛の檜隈大陵（見瀬丸山古墳）への改葬のことは『日本書紀』「推古紀」二〇年条に次のように書かれています。

推古天皇二〇年二月二〇日、皇太夫人堅塩媛を檜隈大陵《おおみささぎ》から葬したこの日に軽《かる》（柏原市大軽町付近）に改装した。この日軽の往来で誄《しのびごと》の儀式を行った。第一に阿倍内臣鳥が天皇の誄の言葉を述べて、霊に供物を奉った。明器・明衣の類が一万五〇〇〇種あった。第二に諸皇子たちが序列にそれぞれ誄を申し述べた。

第三に中臣宮地連烏摩呂が大臣の誄の言葉を述べた。第四に大臣が多くの氏族らを引き連れ、境部臣摩利勢に氏姓《うじかばね》の本《もと》について誄の言葉を述べさせた。時の人は摩利勢・烏摩呂の二人はよく誄を述べたが、ただ鳥臣だけは、うまく誄を述べられなかった。

皇太夫人堅塩媛の豪華な檜隈大陵（見瀬丸山古墳）への改装のことはこれぐらいにして、「仁徳陵の前方部に安閑、後円部に継体に埋葬されている」という話に戻ります。石渡信一郎は「五三一年クーデターで殺害された継体の子宣化は、宮内庁指定では橿原市鳥屋町の身狭桃花《むさのつ》鳥坂上陵《きさかのえのみささぎ》（鳥屋ミサンザイ、墳丘長一三八メートル）に埋葬されているとされるが、実際は百舌鳥古墳群の土師ニサンザイ古墳（墳丘長二八八メートル、全国八位）に埋葬されている。そして安閑の墓は河内の高屋城古墳になっているが、安閑は大山古墳（仁徳陵）の前方部に、後円部には継体が埋葬された」と指摘しています。

さらに石渡は、宣化が五三一年のクーデターで欽明（ワカタケル＝曾我稲目）によって殺されたにもかかわらず、百舌鳥古墳群の巨大古墳に葬られた理由として「継体の子宣化は、欽明の最初の后石姫の父であり、即位後の欽明は継体系王族との融和を図ったから、宣化の墳墓は百舌鳥の地に大王級の墓として造営された」と説明しています。

余談になりますが、これらの事柄から、筆者はついつい武寧王から叔父の継体に贈られた癸未年鏡＝隅田八幡鏡の行方を考えてしまいます。一体継体から誰の手に癸未年鏡が渡ったのでしょうか。安閑か宣化か、それともクーデターの主ワカタケルこと欽明でしょうか。しかし癸未年鏡は紀ノ川上流右岸の妻村（橋本市）の粘土採掘現場から江戸末期（天保五年）に出土したというのですから想像に絶する話です。

さて、また話を仁徳陵後円部の「盗掘穴と大石」に戻します。中井はこの謎を調べているうちに後円部石室が盗掘され副葬品が亡くなっていることを知り、石棺の大きさを記録した『全堺詳志』という稿本を見つけました。

「稿本」とは刊行されない生原稿という意味です。この『全堺詳志』は江戸時代中期（宝暦七年、一七五七年）に堺の町衆代表の惣年寄りを務めていた高志芝巌とその弟で儒学者の養浩の兄弟によって書かれましたが、活字本になったのは明治以降でした。

中井が『全堺詳志』を研究誌に紹介するまでは、専門家の間でもまったく取り上げられることがなかったといいます。明治五年の前方部の石室露出以外、後円部（主体部）の様子はわからないとか、築造以来連綿と祭祀が行われてきたのだから盗掘はありえないという説が圧倒的だったのです。では『全堺詳志』にどのようなことが書かれているのでしょうか。「仁徳帝陵」の項を引用します。

御廟は北峰（後円部）にあり。石の唐櫃《からびつ》あり。蓋石一丈五寸（三一八cm、幅五尺五寸（一六七cm）、内には尊骸ならびに明器あるにあらず、空櫃なり。千四、五百年経たるなれば、盗賊の暴きたるならん。

## ❖露出した巨大な天井石

中井は「大仙陵絵図」に描かれている大石は、石棺を納めていた石室の天井石が盗掘の際に封土が取り除かれて露出したものとみています。つまり馬子の墓（石舞台古墳）の巨大な石を想像すればよいと思います。石舞台の天井石は二つ合わせて一七五トンと言われています。仁徳陵の後円部石室内に置かれた石棺の蓋石は、前方部で露出した蓋石より一まわり大きい大型なものです。ところが意外なことが発見されました。中井はその意外な発見について次ように書いています。

この（仁徳陵）後円部石棺の蓋石の寸法と、古市古墳群中の北辺に位置し古墳群中の初期に築造された津堂城山古墳（藤井寺市）の後円部から明治四五年（一九一二）に出土した石棺の寸法がぴったり合うことです。津堂城山古墳は墳丘長二〇〇メートルの規模で「仁徳陵」の四八六メートルにかなわないが、堀の外側に幅九〇メートルの周庭帯をめぐらし、その周帯内で二重の堀が見つかっている。やはり広大な面積をもつ古墳である。二つの古墳が同じ集団によって相前後して築造されていることが推定できるから、「仁徳陵」の築造時期を考える一つの参考になる。

さらに驚くのはこの蓋石が堺奉行所の庭の踏石に利用されていたということです。徳川将軍家宣・家継の侍講として幕政の運営に携わった新井白石（一六五七〜一七二五）の書に「仁徳の鳥野の御陵が暴かれて、石棺の蓋石、堺の政処《まんどころ》の庭の踏石に成れりという」と書かれているくらいですから、当時からのその張本人は豊臣秀吉（一五三六〜一五九八）であることは公然の秘密だったのでしょう。

というのは、「堺の政所」は秀吉の時代から白石の時期にかけての堺奉行所の呼称でした。堺町の惣年寄高柴巌と、その弟で在地儒学者養浩の記録と幕府直近の儒学者新井白石の記述が一致していることから、中井は「境町の総代表である惣年寄高柴巌が役目上しばしば奉行所に出入りしていたので、蓋石の寸法を奉行所で採寸したのかもしれない。または儒学者同士の情報交換があったかもしれない」と推測しています。

はたして実行者が秀吉であったとしても、秀吉にとって「盗賊行為」にあたらなかったのかもしれません。いずれにしても約二・五トンもある蓋石を、狭いところでも七〇メートル（第一濠）もある二重・三重の壕や堤を越えて運び出すことができるのは、秀吉しかいないことは明らかです。

ちなみに現在はその蓋石の行方はわかっていません。秀吉の興味があったのは権力の誇示と巨石であって、被葬者の正体を明らかにするというような検証的な行為ではなかったと考えられますが、石室内の副葬品もすべて秀吉が持ち去ったのでしょうか。それとも秀吉の前にすでに盗掘されていたのでしょうか。いずれにしても仁徳陵後円部も公開立ち入り調査をすれば、横穴式石室か竪穴式か容易にわかるはずです。

## 4　崇神・垂仁と倭の五王

### ◈大王墓の移動

考古学者白石大一郎は、時代が下るにつれ、大王墓が大和から河内南部に移動していることを考古学的に立証しました。白石の研究を受けて石渡は、崇神王家の本拠地は崇神・垂仁・讃の時代には奈良盆地東南部、珍の時代には奈良盆地北部、そして済・興の時代は河内南部にあったとし、済の墓を仲ツ山古墳（古市古墳群）、興の墓を石津丘古墳（百舌鳥古墳群）と特定しました。そして倭の五王の一人倭王済に入り婿となった昆支と継体の墓である誉田山古墳と大山古墳も河内南部にあります。

石渡はこれらのことから、倭の五王「讃・珍・済・興・武」の讃・興時代の崇神王家の本拠地は河内地方に移ったとしています。したがって石渡は倭の五王、讃・珍・済・興・武から継体までの倭国王の墓を次のように特定しています。そして大王にはならなかった済の父イホキニイリヒコの墓を誉田陵（伝応神陵）の北西方向にある古市古墳群に属する津堂城山古墳に推定しました。〔筆者注：なお石渡は二〇一〇年の暮に出版した『倭の五王の秘密』で垂仁の墓を伝景行天皇陵の渋谷向山古墳とし、行燈山古墳を讃の墓と訂正しています。その理由については二〇一一年六月に出版した『邪馬台国の都　吉野ヶ里遺跡』に書かれています。次の表は発表当時のままです〕

| 大王名 | 諡号 | 古墳名 | 墳丘長 | 埴輪 | 所在地 |
|---|---|---|---|---|---|
| 旨（崇神） | ミマキイリヒコ | 箸墓 | 二七六メートル | Ⅰ期 | 桜井市箸中 |
| 垂仁 | イクメイリヒコ | 行燈山 | 二四二メートル | Ⅱ期 | 天理市柳本 |
| 讃 | イニシキイリヒコ | 渋谷向山 | 三〇二メートル | Ⅱ期 | 天理市渋谷町 |
| 珍 | ワカキニイリヒコ | 五社神 | 二七六メートル | Ⅱ期 | 奈良市山陵町 |
| 済 | ホムダマワカ | 仲ツ山 | 二九〇メートル | Ⅲ期 | 藤井寺市沢田 |
| 興 | | 石津丘 | 三六四メートル | Ⅳ期 | 堺市西区石津ヶ丘 |
| 武 | 応神・ホムタマワカ | 誉田山 | 四一五メートル | Ⅳ期 | 羽曳野市誉田 |
| 継体 | ヲホト | 大山 | 四八六メートル | Ⅳ期 | 堺市堺区大仙町 |

ところでこの表の先に見た中井正弘の『仁徳陵』の内容と関連して、二、三点ほど気になる

ことが浮上します。石渡は済の父イホキニイリヒコの墓を誉田陵（伝応神陵）の北西方向にある古市古墳群に属する津堂城山古墳に特定していることです。

すでに第三章でみたように、済の父イホキニイリヒコは即位しなかったので、石渡の作成した表には載っていないのは当然として、津堂城山古墳の築造年代は珍（在位四三八〜四四二）と済（在位四四三〜四六二）の間のⅢ期に入ります。

ところが中井の『仁徳陵』によると大山古墳（伝仁徳陵）の後円部の石棺の蓋石と津堂城山古墳から出土した石棺の蓋石の寸法がまったく同じです。しかも中井は仁徳陵後円部の石室は欽明期以降の古墳後期以降の古墳後期の横穴式の疑いがあると指摘しています。

津堂城山古墳は、宮内庁指定の天皇陵・参考陵に入っていないので出土物が明らかになっていますから、石棺の蓋石について問題がありませんが、仁徳陵は宮内庁の監理下にあるため、立ち入ることはもちろん調査することも禁じられています。

しかし仮に仁徳陵の後円部の墓が前方部と異なる横穴式石室であったとしても、問題が解決するわけではありません。というのは、古墳全体の築造年代について言えば、津堂城山古墳Ⅱ期と大山古墳Ⅲ期の違いは明らかです。しかしこの埋葬施設にいたっては「ある懸念」があるからです。

「ある懸念」とは、時の権力者によって遺体を含めた埋葬物の入れ替えをすることは難しくないことです。乙巳《いっし》のクーデター（六四五）後、蘇我蝦夷と入鹿の双墓《ならびのはか》が壊され、その後天武・持統の墓にされたことや、蘇我馬子の墓（石舞台古墳）がソックリ暴かれ、その霊が叡福寺の聖徳太子磯長廟（叡福寺北古墳）に祀られている例もあるからです。

　問題は辛亥のクーデター（五三一年）の覇権者ワカタケルこと欽明が、日本最大の古墳に継体の遺体が埋葬されることを許可したかどうかということです。諸々のケースが考えられます。その一つは乙巳のクーデターで欽明を父にもつ馬子を祖とする蝦夷・入鹿（蘇我王朝三代）を打倒した天智・天武の継体系王統が、仮にワカタケルこと欽明が継体の遺体を別の古墳に入れ替えたとしても、そのまま放置しておいたかどうかです。もとの大山古墳に継体の遺体を埋め戻した可能性もあるということです。

　次章の欽明＝「獲加多支鹵大王」では、古市古墳群と百舌鳥古墳群の大きく二つのグループに分かれた原因となったワカタケル大王（欽明）こと稀代の権力者としてのシンボリックな名称もつ天国排開広庭《あめくにおしはらきひろにわ》の正体を明らかにします。

# 第六章　欽明＝「獲加多支鹵大王」

## 1　欽明天皇即位の年

### ※欽明即位年の論争

　欽明天皇の即位年についてはいくつかの論争があります。平子鐸嶺（一八七七～一九一一、美術史家）は、継体天皇の没年が『古事記』に記載されている「天皇の享年は四三歳」（丁未の年の四月九日死去）の「干支丁未」を五二七年とし、その後二年ずつ安閑と宣化が在位したとして、継体の没年と欽明天皇の即位を『日本書紀』記載の五三一年としました。平子は明治三八年の二九歳の時、「法隆寺草創考」を発表し、法隆寺再建論者の喜田《きた》貞吉と論争してその名が知られていましたが、明治四四年、三四歳の若さで死去しています。

　喜田貞吉は欽明の即位年は五三一年ですが、欽明の即位を認めなかった勢力が三年後の五三四年に安閑を擁立し、安閑は在位一年で死去したが、続いて宣化を擁立するなどして、安閑・宣化朝は一時対立して宣化の死去によって再び欽明の世になったと主張しました。

水野祐や白崎昭一郎（一九二七〜二〇一四、作家、歴史家）は、五二七年とする平子説に同意していますが、水野は継体が死去した後は安閑が八年間在位、五三五年に欽明が即位し、宣化を架空の人物としました。白崎は安閑の在位は四年で、その後は宣化両朝が並立したとみなしました。

これに対して作家の黒岩重吾は、『日本書紀』「継体紀」の「ある本では、天皇の死去は干支甲寅の五三四年だが、百済本記は辛亥年五三一年に天皇と太子・皇子、ともに死去した」という註を根拠に安閑・宣化は暗殺か軟禁されたと考えました。そして黒岩は、大伴金村が失脚したのは金村が安閑・宣化を支持したためと主張しました。

以上のように欽明天皇の即位が各説入り乱れているのは、『日本書紀』が、ある本によると継体天皇は干支甲寅の五三四年に死去したと言いながら、天皇・皇太子が一度に死去したとする『百済本記』の辛亥＝五三一年を採用しているからです。

事実、欽明の没後から逆算すると欽明天皇の即位は五三二年になります。しかし『日本書紀』本文は安閑の即位を五三四年とし、五三二年と五三三年を空位としています。

※石渡信一郎の説

新旧二つの渡来集団による古代日本国家の建設と、応神陵に埋葬された人物が百済の左賢王であることを明らかにした石渡信一郎は『応神陵の被葬者はだれか』に続き、翌年の一九九一年六月『蘇我馬子は大王だった』を出版し、五三一年のクーデターは欽明が起こしたものであり、安閑と宣化は欽明によって殺害されたことを明らかにしました。石渡の説のおおよそは次の通りです。

『日本書紀』は欽明が継体の皇后手白香皇女が生んだ嫡子とし、二人の兄安閑・宣化が即位した後に天下を治めたとしているが、欽明が五三一年に即位したことを意図的に隠している。事実は安閑・宣化は殺害されているのだから即位するわけがない。

さらにおかしいのは、安閑・宣化の享年はそれぞれ「年七〇歳」「年七三歳」と明記されているのに、欽明の享年は「年若干」と書かれているのみである。『日本書紀』編纂グループが、嘘をつき隠し事をするのは、欽明のワカタケルという名前はタケル＝武と呼ばれた昆支（倭王武）の王子であったからである。

稲荷山鉄剣銘文が示すように、欽明はワカタケルと呼ばれていたが、昆支が倭の五王「讃・珍・済・興・武」の武であり、武の養父済は『宋書』に「倭王済」と書かれていることからも「倭」を姓とした。したがって、昆支の姓も倭であり、昆支は「倭武」（ヤマトタケル）と呼ばれた。

『日本書紀』は継体系の大王家による昆支系大王家（蘇我王朝）の隠蔽の目的で編纂されたのであるから、二つの大王家の争いがあったことなど絶対に知られたくなかったのである。欽明を継体系の王子としておけば、昆支系大王の存在を隠すことができたからである。ところが『日本書紀』は、わざわざ「日本の天皇・太子・皇子はみな死亡した」という『百済本記』の記事を引用している。

何故、このような矛盾したことを平気で行うのだろうか。学者がおしなべてこの記事を「すべて事実」としないのは、百済系と百済系王家の本当の関係を知らないからである。つまり、百済王家を出自とする昆支と継体が兄弟であり、昆支が百済系倭国の始祖王であったことを認めることができなかったからである。

## ❖「安閑紀」の屯倉の設置

欽明天皇が庚申の五四〇年に即位したとする『日本書紀』編纂グループはどのような作為を施したのでしょうか。その二、三の特徴的な例を次にあげます。安閑天皇即位前に「二五年春二月の辛丑《しんちゅう》朔の丁未（七日）に男大迹天皇は大兄を立て天皇とし、その日に男大迹天皇は崩御された。この月大伴大連・物部 麁鹿火を大連とすることは前の通りであった。元年春正月大倭国勾金橋に遷都し、それを含めて宮の名とした」と書かれています。

しかし「男大迹天皇は大兄を立てて天皇とされ、その日に男大迹は崩御された」という冒頭の書き出しから、安閑が二年の空位期間をおいて即位したと理解することはできません。

安閑が即位したのは継体死亡直後の五三一年で「勾金橋に遷都した元年春正月」は五三二年

と考えるのが精一杯です。

安閑天皇が勾金橋に遷都した元年春正月が干支甲寅の五三四年であることがわかるのは、武蔵国造の争いの記事がある第四段目の末尾の「この年は、太歳甲寅であった」という一行からです。したがって、読者の皆様もくれぐれも安閑の即位元年は五三四年であることを銘記していただきたいのです。

安閑即位元年（五三四）四月条に内膳卿　膳　臣《かしわでのおみ》大麻呂が使者を遣わして真珠を伊甚《いじん》に求めさせたという話があります。「伊甚」は現在の千葉県勝浦市のあたりです。天皇家の食糧調達長官の内膳卿膳臣は期限がきてもなかなか届けなかったので伊甚国造を尋問します。伊甚国造稚子直《わくごあたい》らは、恐れをなして後宮の寝殿に逃げ隠れたので稚子直らは乱入罪で重刑に処せられたうえ、その領地は天皇の屯倉《みやけ》とされたという話ですが、実にリアルです。

屯倉とは朝廷の直轄領です。このエピソードは真珠を期限内に上納できないという理由だけで、稚子直の身柄を拘束するという朝廷の有無を言わせぬ力の行使が浮かび上がってきます。この強権力は安閑天皇のイメージではなく、クーデターを敢行したワカタケル大王こと天国排開広庭にふさわしい話と言えます。

この年の七月、天皇は「皇后の身分は天皇と同じだが、外部ではその名はあまり知られることはない。そこで屯倉の地をあてて皇后の宮殿を建て、後世にその名を遺すようにせよ」と言って、勅使を派遣し、良田を選ばせます。

「子がいないなら、屯倉を増やせ」という大連大伴金村の命令により、勅使は大河内直《おおこうちのあたい》味張《あじはり》に「お前は肥沃な田を進上せよ」と伝えます。これに対して味張は「この田は日照りには水を引くのが難しく、水が溢れると水浸しになります。労多く、収穫ははなはだ少ないのです」と嘘をつきます。

この年（五三四）の閏一二月、天皇は大伴金村を従えて三島に行きます。三島は大阪茨木市から高槻市にかけての地域です。太田茶臼山古墳（伝継体天皇陵）や今城塚古墳はこの地域にあります。天皇は大伴金村に良田について県主《あがたぬし》飯粒《いいぼ》に尋ねさせました。県主飯粒は喜んで、上御野・下御野・上桑原・下桑合わせて竹村の地、全部で四〇町を献上したと『日本書紀』は記しています。

「天の下、地の果てすべて天皇のものである。天皇の人民を慈しむこと、都の外までみなぎりあふれ、国内を栄え照らすこと、無辺に満ちあふれ、その徳は天地までおよぶ」と大伴金村は宣言して、「味張よ、お前は天の下の微細なる一臣下にすぎない。王地とすることを急に惜しみ、使者を軽んじ叛いた。今後、郡司を任せることはならない」と先の大河内味張の嘘を暴きました。

大伴金村に嘘を暴かれた大河内味張は「各郡の鍬丁《くわよぼろ》を、春に五〇〇丁、秋に五〇〇丁、天皇に献上し、子孫の代まで絶やしません。どうか命をお助け下さい」と謝罪しました。大伴連金村は大河内味張の子鳥樹を僮豎《しとべわらわ》（従者）とします。

### ※託宣の神コトシロヌシ

また『日本書紀』「雄略紀」四年二月条に次のような有名な記事があります。

天皇は葛城山に狩猟に出かけた。すると突然、背の高い人が現れ、赤色の谷を間に向き合った。顔や姿が天皇によく似ていた。天皇はこれが神であると悟ったが、なお故意に尋ねた。「どちらの公《きみ》かと天皇。「現人神である。先に名乗りなさい。その後に私が言おう」と背の高い人。「私は幼武尊《わかたけるのみこと》である」と天皇。「私は一言主神である」とその背の高い人が答える。そして二人は共に狩をした。

一言主＝事代主神はタカミムスヒ神が派遣したタケミカヅチ神に国を譲る大己貴子《オオアナムチ》ですが、託宣の神であり昆支の霊です。高市《たけち》の社に住みまた身狭社《むさのやしろ》にも居るというコトシロヌシは、壬申の乱の時高市県主許梅《たかちあがたぬしこめ》に乗り移り、神武陵（実は応神陵）に馬や武器を奉納するように託宣します。

高市郡は現在の橿原市の大部分、高市郡明日香村・高取町を郡域とします。身狭社は橿原市見瀬町に鎮座します。しかしここで重要なのは雄略が一言主の問に「幼武尊《わかたけるのみこと》」と答えたことにあります。「大泊瀬幼武《おおはつせのわかたけ》」は雄略天皇の和風諡号です。

この諡号は継体天皇の男大迹や応神天皇の誉田別《ほむたわけ》の諡号とは、二人の実在性から言ってまったく異なります。先に述べたように「ワカタケル」は欽明天皇の字《あざな》だと考えられるからです。架空の天皇雄略の暴力性は欽明天皇（天国排開広庭＝ワカタケル）が行ったクーデターとクーデター後の強権政治を反映しています。

## ❖辛亥のクーデターを反映した物語

『日本書紀』の雄略天皇の記事を注意して読むと、隅田八幡鏡銘文の「癸未年《きびねん》」論争における四三年説が「允恭紀」「安康紀」「雄略紀」の記事を根拠にしていることが理解できます。癸未年四四三年説に立つと、允恭天皇三二年が癸未年に当たるので「日十大王」は允恭天皇、「男弟王」はオオクサカ王（大草香王）です。

あるいは「日十大王」を大日下王（大草香王のこと）にして、男弟王は允恭天皇と忍坂大中姫の間に生まれた皇子五人のうちの誰かが該当するという説が成立します。水野祐のように允恭天皇の皇后忍坂大中姫《おしさかのおおなかつひめ》の家が、銘文の「意柴沙加宮」に該当するというのも四四三年説の大きな理由です。

允恭と忍坂大中姫命の皇子五人と皇女四人の中で長子にして皇太子の木梨軽皇子は、妹との近親相姦のため失墜し、二番目の坂合黒彦皇子と四番目の八釣白彦皇子《やつりのしらひこ》は末弟の大泊瀬《はつせ》幼武《わかたけ》によって殺害されます。

三番目の穴穂こと安康は天皇として即位しますが、皇后の連れ子眉輪王《まゆわ》に殺されます。履中の子市辺押磐皇子《いちのへのおしはのみこ》にいたっては従兄弟の安康天皇に皇位継承者としてたてられたというだけで殺害されます。

雄略こと大泊瀬幼武の残虐性と暴力性に満ちたストーリーが、継体二五年（五三一年＝辛亥年）の『日本書紀』に引用された『百済本記』の「日本の天皇と太子・皇子、ともに崩御《かんあがり》」という史実を反映したものであると考えれば、荒唐無稽な話も真実めいてきます。

なぜならワカタケル大王こと欽明によって行われた辛亥五三一年のクーデターは六四五年の「乙巳の変」（入鹿暗殺）を凌ぐ古代日本の大事件であったからです。『日本書紀』編纂グループは二つの大王家、すなわち継体系と昆支・蘇我系の熾烈な争いを知られたくなかったので架空の天皇雄略の時代を挿入したのです。五三一年の「辛亥の変」があからさまになれば、「乙巳の変」がなぜ起きたのかもわかってしまうからです。

## ※武蔵国内乱の記事

即位しなかった安閑・宣化を即位したかのように見せかけて、多くの屯倉を設置したという「安閑紀」の記事は、同じように舒明・皇極が即位したかのように見せかけ、天変地異のおどろおどろしい「舒明紀」や「皇極紀」の記事に似ています。

しかし皮肉なことに、前者はワカタケル大王によって行われたクーデター後の強権的な土地収用の実態を、また後者は入鹿・蝦夷が大王であったことを暗示しています。しかも安閑・宣化も舒明・皇極も、毘支蘇我大王家と争って敗北した継体系大王家を出自としていることから、継体大王家のもとに編纂された『日本書紀』がいかなる意図をもっていたか明々白々です。

県主飯粒《あがたぬしいいぼ》が四〇町の土地を献上した直後、大伴大連金村が天皇の勅命を受け、「天の天地に及び、日月の如く輝かしく行き渡った」と宣したのは、ワカタケル大王こと天国排開広庭によるクーデターの成功を物語っています。

次の武蔵国造同士の紛争は、先に引用した記事に類似していますが、ワカタケル大王のクーデターが関東まで拡大していたことを示しています。『日本書紀』安閑天皇元年閏一二月条の記事を検証してみます。

武蔵国造笠原直小使主《むさしのくにのみやつこかさはらあたいおみ》と同族の小杵《おぎ》とは、国造の地位を争って〔使主・小杵はどちらも名である〕、長年決着がつかなかった。小杵は性格が険悪で反抗的であった。高慢であり従順でなかった。ひそかに上毛野君小熊《かみつけのきみおぐま》に助けを求めて、使主を殺そうと謀った。使主はそれを知って逃げ出し、京にのぼって状況を報告した。朝廷は裁断して使主を国造とし、小杵を誅殺した。国造使主は内心恐れと喜びが交差して、黙っていることができなかった。謹んで天皇のために、横渟《よこぬ》・橘花《たちばな》・多氷・倉樔《くらす》の四ヵ所の屯倉を置いた。この歳は太歳は甲寅

## ❖ワカタケル大王の全国支配

この安閑天皇元年の武蔵国内乱の記事は、朝廷の裁断に感謝して国造笠原直使主が屯倉を献上する話です。ここに登場する武蔵国笠原直使主は、現在の埼玉県鴻巣市の笠原周辺を本拠としていたと考えられ、稲荷山鉄剣銘文の「名はカサハヒ（ハ）ヨ。その児、名はオワケの臣」の「カサヒ（ハ）ヨ」と推定されます。

鉄剣を作ったオワケの臣は杖刀人《じょうとうじん》（親衛隊の指揮官）として辛亥年（五三一）二月のクーデターでワカタケル大王の側で活躍したと、石渡信一郎はみています。稲荷山古墳の鉄剣と同様、江田船山古墳出土太刀に「治天下獲加多支鹵」と刻まれ、また両古墳の実年代が六世紀前半から中頃と推定されることからも、ワカタケル大王の支配は九州から東国に及んでいたことを示しています。

「安閑紀」二年（五三三）正月五日条によると、天皇は「近頃、毎年穀物が実り、国境に外敵の心配がない。万民は生業を楽しみ、飢餓の恐れもない。天皇の慈愛は国中に広がり、その名声は天地に満ち満ちている。内外は平穏で国家は富み栄えている」と宣言していますが、辛亥のクーデター後の一段落したワカタケル大王の自信のほどが窺われます。

「安閑紀」二年二月条に記された屯倉は、伊甚屯倉（上房国）と武蔵国造笠原直使主が設置した四ヵ所を含む合計一〇ヵ所の屯倉に加えて、築後国の屯倉二ヵ所、豊国五ヵ所、火国一ヵ所、丹波国一ヵ所、播磨国二ヵ所、備後国五ヵ所、婀娜《あな》国国二ヵ所、阿波国一ヵ所、紀国二ヵ所、丹波国一ヵ所、近江国一ヵ所、尾張国二ヵ所、上毛野国《かむつけのくに》一ヵ所、駿河国一ヵ所など一二国、計二五ヵ所を数える広大な屯倉です。

ちなみに尾張国の屯倉は間敷《ましき》屯倉と入鹿屯倉ですが、愛知県犬山市の東南に「入鹿池」の名で「博物館明治村」に隣接している広大な溜池があります。おそらく入鹿屯倉の名残と推定されます。ワカタケル大王＝蘇我稲目であれば、稲目→馬子→蝦夷→入鹿の系譜からもワカタケル大王の屯倉が蘇我王朝の入鹿に伝えられたと考えておかしくはありません。

## 2　稲荷山鉄剣銘文

### ※一一五文字の銘文

それでは稲荷山鉄剣とその銘文からどんなことがわかるでしょうか。継体天皇が死去した辛亥年（五三一）二月直後、安閑・宣化が欽明に殺害されたことは、継体二五年（五三一）の記事と鉄剣銘文の内容から推測できます。

乎獲居臣《おわけのおみ》が五三一年七月に「辛亥の年の七月中、記す。獲加多支鹵大王大王の寺、斯鬼宮《しきのみや》にあるとき、我天下を左治する」と刻んだのは、クーデターにおいて天皇の親衛隊として抜群の働きをしたことを示しています。

おそらく銘文入りの鉄剣はワカタケル大王が住む斯鬼宮内にあった寺にクーデター成功の記念として一時奉納されたと思われます。この鉄剣は昭和四三年（一九六八）八月、考古学者の齋藤忠を調査団長とする発掘調査によって、埼玉県行田市にある埼玉《さきたま》古墳群の一つ稲荷山古墳から出土しました。さらに鉄剣銘文が発見されたのは、出土してから一〇年経った昭和五三年（一九七八）、奈良県国立文化財研究所で鉄剣の錆び落としの最中でした。

（表）辛亥年七月中記乎獲居臣上祖名意富比垝其児多加利足尼其児名弖已加利獲居其児名
多加披次獲居其児名多沙鬼獲居其児名半弖比

（裏）其児名加差披余其児名乎獲居臣世々為杖刀人首奉事来至今獲加多支鹵大王寺在斯鬼
宮時吾左治天下令作此百練利刀記吾奉事根原也

（訓読文表）辛亥の年七月中、記す。ヲワケの臣。上祖、名はオホヒコ。其の児、（名は）タカリのスクネ。其の児　名はテヨカリワケ。其の児、名はタカハシワケ。其の児、名はハテヒ

（訓読文裏）其の児、名はカサヒ（ハ）ヨ。其の児　名はヲワケの臣。世々、杖刀人の首と為りて、奉事し来り今に至る。ワカタケル大王の寺、シキの宮に在る時、吾　天下を

左治し、此の百練の利刀を作らしめ、吾が奉事の根源を記すなり

## ※考古学者斎藤忠の考察

では、稲荷山古墳はいつ頃築造されたのでしょうか。年代の測定は立地・墳丘の形態・遺骸埋葬施設および副葬品その他の遺物の総合的な組合せの上から考察されます。稲荷山古墳の場合、礫槨《れきかく》・粘土槨を形式上古く考え、年代をさかのぼらせる傾向があります。しかしこれらの原初的棺槨は、箱式石棺等とともに新しい時代まで伝統として伝えられたことも考慮に入れるべきです。

畿内や北九州等で横穴式石棺室が発達した時でも、東国ではこの種の棺槨（礫槨・根粘土槨）を採用していたのであり、むしろ東国古墳文化の一つの特色でさえあったのです。鈴杏葉・環鈴は最も新しいものとして標準になります。近くの小見真観寺《おみしんかんじ》古墳から挂甲《けいこう》が発見されていることからも無視できません。短甲ではなく挂甲が発見されており、銅碗も出土しています。銅碗はやはり近くの八幡山古墳から出土し、この古墳が巨石石室であることから七世紀以降に下ることは明らかです。

挂甲は「かけよろい」とも呼ばれ、鉄板の小札《こざね》を革や紐の組糸で綴り合わせたもので、肩にかけて着る甲冑の一種です。礫槨から出土した画紋帯神獣鏡も東国においては同型のものが群馬県高崎市の観音塚古墳から出土しています。ちなみに挂甲は須恵器編年ＴＫ一二〇七型の短

甲に続いて最盛期を迎えるTK―二三、TK―四七型式期（稲荷山古墳出土）に該当します。

以上のようなケースと比較的年代をさかのぼる遺物や、古代を伝えてまだ横穴式石室を採用しなかった背景を勘案すると、稲荷山古墳の築造時期は六世紀の前半と考えることが穏当であると、斎藤忠は断言に近い表現をしています。斎藤忠は「なぜ、このような重要な内容をもつ銘文が金象嵌によってなされたのだろうか」と自問しています。斎藤は「単なる吉祥的な文句なら、簡単に考えてよいが、重要な内容をもつことに乎獲居臣の特殊な意図があったのかも知れない」として、次のように述べています。

この地域を武蔵の地となし、これらの古墳を国造に関連するとすれば、『日本書紀』「安閑天皇元年の条」に見える武蔵国笠原直使主と同族小杵との国造の地位をめぐる事件が登場する。この系争は累年続き、この時に解決したのである。この事件と鉄剣銘文とをまったく関係ないものとして切り離してよいものであろうか。

### ※石渡信一郎の説

石渡信一郎は、乎獲居臣が崇神時代の伝説的人物大彦を上祖としているのは、加羅系倭王朝の始祖が崇神だったからだとしています。大彦なる伝説上の人物は『日本書紀』で第八代天皇孝元の第一皇子で大彦命《おおひこのみこと》と呼ばれ、安倍臣・膳臣・阿閉臣・狭々城山君・筑紫国造・越国造・伊賀臣らの始祖です。

「崇神紀」では大彦は四道将軍の一人として北陸道に派遣されています。つまり、大彦は加羅系氏族の伝説上の始祖です。五三一年のクーデターまでは大和王朝の始祖は昆支（日十大王）ではなく、崇神とされていたと石渡は推定しています。

「日十大王」＝昆支の時代に倭国の名を南加羅から東加羅に変えましたが、大和王朝は、崇神王朝の系譜を継いだ形すなわち、崇神―垂仁―讃―珍―済―興―武（昆支・応神）―継体―欽明という系譜になっていました。しかし、昆支が公式に大和王朝の初代大王となり、昆支（応神）の霊が始祖神として各地に祭られるようになったのは、ワカタケル大王のクーデター以降の六世紀の中頃と石渡は想定しています。

『日本書紀』は、長年続いていた武蔵国造笠原直使主と小杵の争いが「太歳の甲寅」に解決したと、取ってつけたかのように記しています。太歳の甲寅とは安閑が即位したとする五三〇年です。石渡信一郎によれば、この武蔵国造笠原直使主と小杵の話は大和政権が五三〇年代に起きた武蔵地方の争乱を鎮圧して、いくつかの直轄地を設置したことを物語っています。

五三〇年代の武蔵地方の争いは百済系大和政権の進出と支配に対して地元の加羅系豪族が抵抗したために起こった磐井の反乱に類似する反乱とみることができます。継体天皇時代に大和政権は優勢な軍事力を背景に毛野国《けぬのくに》（群馬・栃木）に圧力を加え、毛野国を二つに分割しました。上毛野国小熊がこの騒乱に加わったのは小熊が加羅系豪族であったからです。

石渡によれば、稲荷山鉄剣銘文の主「乎獲居臣」こそ、欽明ことワカタケル大王によって大和から派遣された軍事氏族であり、この争乱を鎮圧した後武蔵国造となって加羅系豪族が拠点とする上毛野を牽制した人物です。なぜなら太田市周辺で前方後円墳が衰退し始めた頃、行田市周辺に稲荷山古墳が出現し、この地にはその後も埼玉古墳群が造営されたからです。

## 3　応神＝ヤマトタケルの晩年の子欽明

### ◈幼小に見た夢

稲荷山鉄剣銘文の「獲加多支鹵大王」は雄略天皇ではなく、欽明天皇です。であれば「辛亥年」は四七一年ではなく五三一年になります。五三一年七月、欽明はクーデターによって継体天皇の皇位継承者である安閑・宣化を殺害し、あまねく倭国に君臨する大王となったのです。それ故にこそ天国排開広庭《あめくにおしはらきひろにわ》という名がつけられたのです。

稲荷山鉄剣銘文はそのクーデターの親衛隊長として抜群の働きをした乎獲居臣がその業績を記念すべく自ら八代の系譜を金象嵌で刀に彫った理由が理解できます。欽明天皇の全国支配に貢献してまもなく、国造として関東に派遣された乎獲居臣は関東以北を管理監督する盟主として稲荷山古墳群最北端の稲荷山古墳に埋葬されました。

しかしこんなことに驚いてはいけません。もっとビックリするようなことをお話しします。

安閑・宣化を排除して全国支配を達成した欽明天皇ことワカタケル大王ですが、実は『日本書紀』が言うところの継体の嫡子ではなく、隅田八幡鏡銘文の「日十大王」こと応神天皇（昆支＝倭王武）の晩年の子であったという石渡信一郎説です。

石渡は二〇一〇年に出版した『倭の五王の秘密』でワカタケル＝欽明の生まれた年を四九五年と特定しています。すると五三一年の辛亥の年のワカタケル年齢は三六歳ということになり、昆支大王が五一歳の時の子となります。継体の長子安閑が七〇歳、宣化は七三歳で亡くなったと『日本書紀』が記録していますので、安閑は四六五年、宣化は四六六年に生まれたことになり、辛亥の時の二人の年齢は安閑が六六歳、宣化は六五歳です。

五〇二年、南朝の梁の武帝より鎮東大将軍から征東大将軍に進められた倭王武は倭の五王「讃・珍・済・興・武」の武であることはすでにお話した通りです。欽明がワカタケル大王と呼ばれたのは、父の倭武《ヤマトタケル》の末子であったからです。それでは『日本書紀』「欽明紀」即位前紀の冒頭から、欽明がどのように描かれているのか見てみましょう。

天国排開広庭は男大迹天皇の嫡子で、母が手白香皇后である。父はこの皇子を愛し、いつも側に置いていた。天皇（欽明）が幼少の頃、ある夢を見た。その夢である人が「秦大津父《はたのおおつち》という者を寵愛すれば、成人してから必ず天下を治めることになるでしょう」と言った。

天皇は目が覚めると、使者を派遣してあまねくその秦大津父なる人物を捜させ、山背国の紀伊郡でついに見つけ出した。姓名は確かに夢で見た秦大津父であった。「お前に何かあったのか」と皇子こと欽明。

「何もありません。ただ私が伊勢に出向き、商いを終えて帰る途中、山で二匹の狼が噛み合って血を流しているのに遭いました。そこで馬から降りて、口をすすぎ手を洗い、祈請して〝あなたは貴い神で、荒々しい行為を好まれます。もし猟師に出会ったならたちまちに捕らえられるでしょう〟と言いました。そして噛み合うのを止めさせました。血でぬれた毛を拭いて洗って放してやり、二匹とも命を助けました」と秦大津父。欽明は「きっとこれで報われたのだろう」と言って、秦大津父を厚く待遇した。欽明は即位するにあたって、秦大津父を大蔵大臣に任じた。

## ◈応神天皇晩年の子

『日本書紀』の一三段からなる巻一九「欽明紀」は、巻二九の「天武紀」に次いで多い分量ですが、「欽明紀」の半分が「任那再建」「任那復興」の記事です。国内における欽明治世の特に目立った大きな仕事といえば、仏教受容と蘇我稲目を大臣として重用したことと、蘇我大臣が百済王子恵《せしむけい》に建国の神を祀るよう進言したことです。

とは言っても欽明天皇が天国排開広庭《あめくにおしはらきひろにわ》と諡号され、欽明の皇后・妃から四人の天皇が輩出していることから、この天皇が巨大な権力を有していたことは明らかです。特に建国の神を祀るように蘇我臣が百済王子恵に進言する場面は、欽明が仏教渡来を契機に「人を神として祀ること」（八幡神＝東加羅神）によって倭国の支配体制を大きく転換させようとしたことがわかります。

冒頭第一段の秦大津父の話は、安閑・宣化朝と欽明朝との対立を寓話化したという説が専《もっぱ》らですが、この説は安閑・宣化朝の欽明朝の両朝並立を前提としたものであって、欽明が辛亥のクーデターによって専制政治を確立したことを認めているものではありません。

『日本書紀』の「父はいつ幼少の天皇（欽明）を傍に置いて可愛がった」という書き方は、欽明が年寄りの父をもつ末子であることを強く印象づけています。欽明天皇につきまとうこの「若年・末子」のイメージは、欽明が継体の子ではなく「日十大王」こと応神天皇晩年の子であるという事実といかんともしがたく結びついています。

## ❖熾烈を極める皇位継承の争い

五三一年、継体の太子勾大兄《まがりのおおえ》や王子の檜隈高田を殺害して皇位継承権を奪って即位した欽明ことワカタケルですが、応神王朝の安定を考えて宣化の娘石姫を皇后とします。しかし皇后石姫が死んだので、欽明は応神系の堅塩媛《きたしひめ》を后とします。欽明の死後は石姫の生んだ敏達（継体系）と堅塩媛が生んだ用明（応神系＝蘇我系）が対立します。

二つの大王家の王権をめぐる争いは熾烈を極め、六四五年の「乙巳の変」（大化の改新）まで続きます。敏達系とは継体を祖とする安閑・宣化→敏達→彦人大兄→舒明→天智→天武です。また昆支＝応神系とは昆支を祖とする欽明→用明（馬子）→蝦夷→入鹿です。そこでまず『日本書紀』「応神紀」に書かれている応神を父とする皇子たちをみることにします。

応神天皇二年、庚戌《こうじゅつ》朔のこの年は太歳甲寅壬子（三日）に、仲姫《なかつひめ》を立てて皇后とした。后は荒田皇女・大鷦鷯《おおさざき》天皇（仁徳天皇）・根鳥皇子を生んだ。これより先に天皇は皇后の姉高城入姫《たかぎのいりひめ》を妃として、額田大中彦皇子・大山守皇子・去来真稚皇子《いざのまわかのみこ》・大原皇女・澇来《こむく》田《た》の皇女を生んだ。

またの妃である皇后の妹弟姫は阿倍皇女・淡路御原皇女・紀之菟野皇女を生んだ。次の妃である和珥臣の祖日触使主《ひふるのおみ》の娘宮主宅媛《みやぬしやかひめ》は、菟道稚郎子皇子《うじのわきいらつこのみこ》・矢田皇女・雌鳥皇女を生んだ。次の妃である宅媛の妹小甂媛《なべひめ》は、菟道稚郎姫皇女を生み、次の妃である河派仲彦の妹媛は、稚野毛二派皇子を生んだ。次の妃である桜井《さくらい》田部連《たべのむらじ》男鉏《おさい》の妹糸媛は隼総別皇子を生んだ。次の妃日向泉長媛は大葉枝に皇子を生んだ。この天皇の皇子・皇女はすべて合わせて二〇人である。

これら二〇人の皇子・皇女の中で引き続き『日本書紀』「応神紀」「仁徳紀」に登場する皇子は、大鷦鷯天皇と大山守皇子と菟道稚郎子皇子の三人です。大鷦鷯天皇（仁徳）については、応神一三年三月条に「皇太子大鷦鷯が髪長媛をご覧になってその容貌が美しいのに感じ入り、天皇は大鷦鷯と結婚させようとした」と書かれています。また菟道稚郎子は応神一五年（二八四年、干支は甲辰の年）八月条と一六年（二八五）二月条に次のように書かれています。一五年の記事をA、一六年の記事をBとし、『古事記』からの引用をCとします。

A　一五年八月百済王は阿直岐《あちき》を派遣して、良馬二匹を献上した。そこで軽の坂の上の厩で飼わせた。そうして阿直岐に飼育させた。それゆえ、その馬を飼育した所を名付けて厩坂《うまさか》という。阿直岐はまたよく経典を読んだ。それで太子菟道稚郎子《うじのわかきいらつこ》は阿直岐を師とした。天皇（応神）は阿直岐に「そなたより優れた学者はほかにいるか」と聞いたので、阿直岐は「王仁《わに》がいる。これは秀れた人だ」と答えた。

B　一六年二月に王仁は来朝した。そこで太子菟道稚郎子は王仁を師として、諸々の経籍を教わった。その結果すべてを習得されないことはなかった。いわゆる王仁は書首《ふみのおびと》の始祖である。

C　また、天皇（応神）は百済国に命じて「賢人がいたら献上せよ」と言った。そこで献上した人の名は和邇吉士という。その時『論語』一〇巻『千字文』一巻、合わせて一一巻をこの人に託して献上した。〔この和邇吉士らは文首の祖先である〕

## ❖王仁氏と千文字

文中の「厩坂」は奈良県橿原市大軽町付近と推定されます。近くに見瀬丸山古墳があり、その巨大古墳は欽明天皇か蘇我稲目の墓と言われています。また「厩坂」という地名は、応神が子の菟道稚郎子と一緒に現在の近鉄橿原神宮前の東方（飛鳥一帯）に住んでいたことをイメージさせます。

ところで引用のAとBとCの記事にいくつの重要なキーワードがありますが、ここではまず「王仁＝倭邇吉士」に絞って検証します。『古事記』（C）に「千字文」一巻とありますが、「千字文」の成立は六世紀前半とされています。さらにここに引用していませんが、『古事記』は応神天皇に「千文字」を贈った百済の国王を照古王（在位三四六～三七五）としています。例によって「記紀」編集者は干支を繰り上げて史実を挿入していると考えられます。

引用BやCの「書首《ふみのおびと》」や「文首」は、「西文《かわちのふみ》」と呼ばれ、河内国古市郡（大阪府羽曳野市古市）を中心とする文筆専門の渡来氏族で、倭漢《やまとのあや》・鞍作《くらつくり》など軍事やその他の渡来氏族と同類です。現在、羽曳野市古市にある羽曳野市の西琳寺は、欽明天皇の勅願寺として建立された向原寺が起源とされ、王仁博士の後裔である西文《かわちのふみ》氏の開基とされています。

かつては難波宮と飛鳥を結ぶ日本最古の街道である丹比道（竹内街道）に面していた西琳寺は、境内の高さ二メートルに近い塔礎石の重量は二七トンを超え、塔礎としては飛鳥時代最大のものです。欽明と仏教受容が切り離せないことを考慮に入れると、王仁博士から大きな影響を受けたという「応神紀」に書かれた菟道稚郎子の姿は欽明の青少年時代と二重写しになっています。

もし菟道稚郎子《うじのわかきいらつこ》がワカタケル大王こと欽明の分身とすれば、「応神一五年」を干支四運（二四〇年）繰り下げると継体天皇一八年（五二四）となります。しかし照古王の場合、干支四運（二四〇）では懿徳王（在位五五四〜五九八）になるので下げ過ぎです。干支三運（一八〇年）だと武寧王（在位五〇一〜五二三）か聖王（在位五二三〜五五三）の時代との整合性があります。

そこで五二四年（干支は甲辰の年）を含めて前後の記事を見ると、継体天皇一〇年（五一六）条に「百済は博士段楊爾《だんようじ》から五経博士漢高安茂《あやのこうあんも》に代えるように願った」と書かれ、一二年（五一八）三月条には「弟国に遷都」、一七年（五二三）五月条には「武寧王が死去」、一八年（五二四）正月条には「百済太子（聖明王）が即位」、二〇年九月条に「磐余玉穂に遷都」という具合に、百済にも倭国継体天皇の治世にも重要な事柄が起きています。

さらにこれらA、B、Cの記事に加えて応神二八年（二九七）年九月条に「高麗王が使者を差し出し朝貢した。その上表文に、高麗王が日本に教えるとあったので、太子菟道稚郎子は上表文の無礼なのに怒り、その上表文を破棄してしまった」と書かれています。菟道稚郎子の激しい性格はワカタケルこと欽明を思わせます。しかしこの記事を干支四運下げると宣化天皇（在位五三五〜五三九）二年（五三六）になります。

## ❖欽明の分身菟道稚郎子

『日本書紀』は安閑・宣化は即位したことにしていますが、辛亥の変（五三一）で二人は殺害されているので、宣化二年は欽明が即位して六年目の年ですから、菟道稚郎子が欽明とすれば、先の記事は納得できます。奇妙なのは五三六年条の蘇我稲目が大臣になったという記事です。これについては後述します。

菟道稚郎子がワカタケルこと欽明の分身とすれば、五一四年（継体天皇一八年）当時、継体の年齢は七四歳、ワカタケル＝欽明の年齢は二九歳（欽明の生年については既述）、継体の子で兄安閑は五九歳、弟の宣化は五八歳です。このような状況から皇位継承をめぐるトラブルが発生するであろうことは火を見るよりも明らかです。

「応神紀」からわかることは、大鷦鷯《おおさざき》皇子は皇后仲姫の子でありながら皇位継承では妃宮主《みやぬしの》宅媛《やかひめ》が生んだ菟道稚郎子の後塵を拝しているばかりか、菟道稚郎子は一貫して太子であることです。こうして応神死去後の皇位継承の問題は「仁徳紀」に持ち込まれます。しかし仁徳天皇の即位前紀を検証する前に読者の皆さんに思い出していただきたいことがあります。

すでに述べましたが、仁徳天皇が不在天皇一〇人の筆頭であり、仁徳の性格と事績は継体天皇の架空の分身として描かれている通りです。継体は五七歳で即位します。そして応神は「日十大王」＝昆支＝倭王武です。応神晩年の子ワカタケルと継体の関係は、次に引用しますが、『日本書紀』仁徳天皇即位前紀四一年春二月条に記載された菟道稚郎子と大鷦鷯皇子の関係に酷似しています。この二者の関係は、古代天皇の王位継承の兄弟相承か父子相承かの争いを生む典型的事例として、菟道稚郎子と大鷦鷯のエピソードに示されています。

誉田《ほむた》天皇が死去すると、太子菟道稚郎子は「今、私は弟であり、また記録も賢明さも足りません。どうか王はためらわず帝位について下さい」と言いますが、大鷦鷯も固辞して譲りません。菟道稚郎子は宮室を菟道《うじ》に造って住んでいましたが、なお位を大鷦鷯に譲るつもりで長らく皇位に就きませんでした。そこで空位のまま三年が経ちました。太子は「私は兄王の志を奪うべきでないことを知っている。どうして長く生きて天下を煩わすことがあろうか」と言って自殺をしました。

この「仁徳紀」即位前紀の話が作り話であることは言うまでもありません。まだ続きがあります。「死んで三日後に大鷦鷯皇子が遺骸に縋《すが》り付いて、三度、我が弟の皇子よと叫ぶと、太子は即座に生き返って、もし、私が先帝の許に参ることがあれば、兄王が聖人であり、何度も譲られたことを報告しますと言って、また柩《ひつぎ》に伏して亡くなった」というのです。

しかしこの話は仁徳が継体天皇の虚像であり、先帝（応神天皇）が「日十大王」こと昆支こと倭王武であり、菟道稚郎子皇子が欽明天皇ことワカタケル大王の分身であることに気づいていれば、皇位継承を寓話化したものであることが理解できます。

石渡信一郎は、欽明を応神と河派仲彦（倭の五王の一人興）の娘弟媛の子稚野毛二派《わかのけふたまた》皇子としています。確かに『日本書紀』応神即位前紀二年三月条に「稚野毛二派皇子は応神と河派仲彦の娘弟媛の間に生まれた」とあります。しかし「応神紀」「仁徳紀」では誉田天皇と三番目の妃和珥臣の祖日触《ひふり》使主の娘宮主宅媛の間に生まれた菟道稚郎子皇子《うじのわきいらつこのみこ》を悲劇のワカタケル役に仕立てています。

石渡は「川派仲彦《かわまたなかつひこ》」を「ナカ」はナムカラの（南加羅）のナカに変化したもので、ツは「の」意味であるから、「ナムカラ（南加羅）の王」すなわち崇神加羅系王朝の「倭王興」としています。カワマタ「川俣」とも書かれ、「川の分岐点」の意ですが、河内南部には川の分流点が多く、「川俣」という古い地名があるので、カワマタナカツヒコという名前は「河内南部に王都を築いた南加羅の王」の意と石渡は解釈しています。

おそらく『日本書紀』編纂グループは、河派仲彦の娘弟媛の子稚野《わかの》毛《け》二派《ふたまた》皇子とするとワカタケル大王こと欽明の素性がわかるので、菟道稚郎子皇子を悲劇の主人公にカモフラージュしたのでしょう。倭王武を悲劇のヤマトタケルにした手法にそっくりです。

## 4　大臣蘇我稲目＝欽明天皇

### ❖畝傍《うねび》＝稲目《いなめ》

蘇我稲目は宣化天皇元年の大臣として登場します。『日本書紀』における蘇我稲目の初出です。この年稲目が行った仕事は尾張連らをやって尾張の屯倉の穀を運ばせることでした。『古事記』によると尾張連は継体の最初の妃で安閑・宣化を生んだ目子媛の実家です。

稲目の大臣としての期間は奇しくも欽明天皇の在位（五三一～五七一）にほぼ重なっています。その存在は欽明天皇の分身と言って差し支えありません。稲目は馬子の父ですが、稲目の家は畝傍山の東南を本拠地としています。軽《かる》の曲殿は欽明天皇の陵墓と見られている見瀬丸山古墳のすぐ近くにあります。いっぽう欽明の本拠地も見瀬丸山古墳に近い畝傍山の東南に位置しています。

『日本書紀』「允恭紀」四二年（四五三）条に「新羅人はいつも京城《みやこ》の傍らの耳成山・畝傍山を愛でていた。それで琴引坂までできた時、振り返ってウネメハヤ、ミミハヤと言った。これはまだこの国の言葉を習得していなかったので、畝傍山をウネメと言い、耳成山《みみなし》を訛ってミミと言った」と書かれていることから、石渡はウネメ（畝傍）→イナメ（稲目）としています。

天皇允恭もワカタケル大王（欽明）の分身と考えられるので〔石渡信一郎『倭の五王の秘密』参照〕、「允恭紀」四二年の記事を干支二運（一二〇年）繰り下げると敏達天皇二年の五七三年

（癸巳の年）になり、欽明没後二年目にあたります。

問題は「琴引坂辺りから振り返って、ウネメハヤ、ミミハヤと言った」という記事です。『日本書紀』の頭註では琴引坂を琴弾原とし「日本武尊陵のある御所市富田から畝傍山・耳成山は見えない」としていますが、すでに欽明時代の後半には、大和櫃原に入るには大和川より紀ノ川上流→御所→大和櫃原のコースが利用されていたことを暗示しています。

ところで稲目は聖明王の亡くなった翌年の五五五年に、武寧王を父にもつ聖明王の子恵に建国の神について次のような説教をしています。大臣稲目と百済王の王子恵の立場を考えると、稲目の説教は極めて不自然と言わなければなりません。しかし説教した相手の王子恵の祖父は武寧王であり、説教したのが武寧王と兄弟関係にある欽明天皇だとすると納得がいきます。百済武寧王も欽明も昆支＝「日十大王」を父にもつ腹違いの兄弟だからです。

### ❖「建国の神を祀れ」と蘇我臣稲目

まもなく、蘇我臣が次のように尋ねた。「聖王はよく天地の道理に通じ、名は四方八方に知られていた。長く政局を安定させ、海西の蕃国百済を統率し、千年万年までも、天皇のお仕えするものと思っていた。突然はるかに昇天し、行く水のように二度と戻らず、墓室に就いて休もうとは、思いもよらなかった。おおよそ心あるものは、誰一人として哀悼しない者はいないだろう。いったい何の科《とが》でこのような禍を招いたのか。今またどのような術策で国家を鎮めるか」

「私はもともと愚かであり、大計はもとより、まして禍福の原因や国家の存亡については、何もわかりません」と恵王子。

「昔、大泊瀬天皇（雄略）の御世に、お前の国百済は高麗に圧迫され、積まれた卵よりも危うかった。そこで天皇は神祇伯に命じ、策を授かるように天神地祇に祈願させたれた。祝者《はふり》は神語《かんごと》を託宣して、建国の神を請い招き、行って滅亡しようとしている主を救えば、必ず国家は沈静し、人民は安定するだろうと言った。これによって、神を招き、行って救援した。よって国家は安泰を得た。そもそも元をたどれば、建国の神とは天地が割け分かれた頃、草木が言葉を語っていた時、天より降りて来て、国家を造られた神である。近頃お前の国はこの神を祀らないと聞いている。まさに今、先の過ちを悔い改め、神宮を修理して神霊を祀れば国は繁栄するだろう。忘れてはならない」と蘇我臣。

## ❖人を神として祀ること

石渡信一郎は「日十大王」こと昆支の霊が倭国の始祖神として祀られるようになったのは、六世紀中頃の仏教渡来から一〇年ほど経った欽明時代の五五〇年前後とみています。欽明天皇六年（五四五）九月条に、百済の聖明王が丈六の仏像を造り、「天皇統治下の官家の国々が共に幸福であるように願った」と書かれていますが、この頃倭国内に大王の始祖王を仏像として祀る思想が芽生えたものと考えることができます。石渡は『ワカタケル大王の秘密』で次のように指摘しています。

仏教に帰依していた欽明は王族や豪族に仏教受容を強制しなかったが、その代わりに倭国の始祖神・日神を崇神の霊から自分の父昆支（応神・武）の霊に代え、百済系の王権を思想的に強化することに努めた。

五五五年聖明王の戦死を告げに来た百済の王子に、蘇我卿が「建邦之神」（邦を建てし神）の霊を祭るように勧めている。蘇我卿は蘇我稲目（欽明の虚像）と考えられるので、この記事は倭国では、この時すでに「建邦之神」（始祖神の霊）が祀られていたことを示唆している。

百済系倭王朝の「建邦之神」（始祖神）は、昆支（応神・武）の霊であるから、この頃までに、三輪山の神が昆支（応神・武）の霊であるオオモノヌシになったにちがいない。八幡神・諏訪神・気比神・住吉神もみな欽明時代に「建邦之神」として祀られた昆支（応神・武）の神である。欽明は昆支（応神・武）の霊を始祖神・日神とし、その霊を各地に祀るとによって、倭国の支配者層や被支配層の思想的統一を図り、彼の王権を強化したのである。

## ◈八幡神の呼び名

ところで八幡神の呼び名については、栗田寛の地名説、宮地直一の依代《よりしろ》説が有力ですが、依代とは樹木・岩石・人形に神の霊が宿ることです。他に肥後和男の「多くのハタ」説、西郷信綱の灌頂幡の「仏法の幡」説があります。八幡の語義については、石渡信一郎の「八幡神は最初からヤハタと訓まれていた」という考察は魅力的です。

ヤハタは国名のカスカラが語の本来の音が訛って変わったものと、石渡は考えます。カスカラの「カス」は、大東加羅《カスカラ》の「カス」がカツ→カチ→ハチへと変化し、大東加羅の「カラ」はハラ→ハタに変わったとみます。このように「カスカラ」が「ハチハタ」に変化し、その「ハチハタ」を『八幡』と表記しているうちに「八」をヤと読むようになり、ヤハタとなったと推察しています。

石渡信一郎の考察は、大東加羅の元の意味がわからなければ理解できません。百済系倭国王朝の始祖昆支は、建国の神として「カスカラの神」と呼ばれ、後に「ヤハタの神」となったのです。六四五年の「乙巳《いっし》の変」で中大兄皇子と藤原鎌足らによる蘇我蝦夷・入鹿殺害以降、三輪山のオオモノヌシは皇祖神、すなわち日神の地位を失い、宇佐に祀られていた八幡神も、新しい皇祖神アマテラスの守護神として仕えるようになったのです。聖武天皇が建立した東大寺の盧舎那仏《るしゃなぶつ》は密教の大日如来ですが、大日如来はアマテラスの変身であることがこのことを物語っています。

欽明＝ワカタケル大王説に基づいてお話してきましたが、現在、中・高の教科書や市販の歴史書の大半は稲荷山鉄剣銘文の「辛亥年」は四七一年、「ワカタケル大王」は雄略天皇となっています。これには銘文解釈の最大の功労者岸俊男が「獲加多支鹵大王寺斯鬼宮時」の「寺」を「役所」「朝廷」と考えたことも辛亥年＝四七一説の大きな根拠の一つです。

しかしこれまで述べたように武寧王と欽明が昆支大王を父にもつ腹違いの兄弟であり、梁の武帝（在位五〇二〜五四九）を崇拝していた武寧王が伯父の継体に癸未年鏡（隅田八幡鏡）を贈ったことを知っているならば、辛亥年は純然たる寺、すなわち経典と伽藍と僧侶を持つ仏教の寺であり、欽明＝稲目の仏教受容の面目躍如たる立場がよく理解できるはずです。ただ、仏教渡来の草創期でもあるので「経典・伽藍・僧」の整備が不完全であっただけの話です。

## 5　ワカタケル大王の「シキの宮」

### ❖「欠史八代」とは

読者の皆さんもすでにご承知のことと思われますが、「記紀」（『日本書紀』と『古事記』）に記されている第二代天皇綏靖から第九代開化までの八人の天皇は「欠史八代」と呼ばれています。系譜（「帝紀」）はありますが、その事績（「旧辞」）がないからです。事実、本書の第一章でも述べていますが、これら八人は「辛酉革命思想」に基づき新たに創作された天皇です。しかしいっぽうでは鳥越憲三郎の「葛城王朝説」や安本美典の実在説があります。

石渡信一郎は『倭の五王の秘密』の中で、これら八人の天皇の中に実在の天皇が架空の天皇の分身として反映されていることを次のように明らかにしています。括弧内は実在の天皇です。

第二代綏靖（継体）・第三代安寧（欽明）・第四代懿徳（欽明）・第五代孝昭（崇神）・第六代孝安（興）・第七代孝霊（応神）・第八代孝厳（崇神）・第九代開化（欽明）

詳細は石渡の本をご覧いただくことにして、ここでは稲荷山鉄剣銘文の「ワカタケル大王の寺、「シキの宮」について述べます。石渡は二〇〇一年に出版した『蘇我大王家と飛鳥』までは、欽明ことワカタケル大王の「磯城の宮」を大和橿原の大軽の明宮としていましたが、今回の『倭の五王の秘密』では河内の志紀に訂正しています。

欽明の最初の王都を志紀とすると、安寧（欽明の架空の分身）の和風諡号「磯《し》城《き》津《つ》彦《ひこ》玉《たま》手《て》看《みの》天皇《すめらみこと》」の「磯城・師木」は河内の志紀、大和川と石川の合流地帯（倭の五王の一人倭王済の本拠地）、玉手東横穴群・安福寺横穴群などがある河内安宿郡の玉手山（大阪府柏原玉手町）になるからです。欽明が河内の志紀から大和橿原の軽に遷都したのは五六二年です。

というのは「欽明紀」二三年（五六二）八月条に「蘇我稲目宿禰大臣、大将軍大伴狭手彦が高麗から連れてきた二人の女を召し入れて妻とし、軽の曲殿《まがりどの》に住まわせた」とあり、「懿徳紀」

に二年条にも「郡を軽の地に移した。これを軽《かる》の曲峡宮《まがりみや》という」とあり、欽明＝稲目の「軽の曲殿」の近くに見瀬丸山古墳（橿原市見瀬町・五条野町・大軽町）があるからです。軽に遷都後、欽明は「磯城嶋金刺宮」（現在の桜井市脇本）の離宮を造営しました。

### ❖第二代綏靖は継体の架空の分身

ちなみに継体天皇を本体とする第二代天皇綏靖の和風諡号は「神渟名川耳《かむぬなかわみみ》（『古事記』は神沼川耳）」です。綏靖の「ヌナ」は敏達天皇の「渟中倉太珠敷」の「ヌナ」や天武天皇の「天渟《あまの》中原瀛真人《ぬなはらおきのまひと》の「ヌナ」とともに継体系王統の重要な祖であることを示しています。また、綏靖の葛城の高丘宮の地は仁徳天皇（継体の分身）の皇后磐之媛の生家葛城の高宮とみられることも、綏靖は継体の分身であることを示唆します。

ところで神武の第三子である神渟名川耳（綏靖）には、長兄の異腹の手研耳《たぎしみみ》がいます。神渟名川耳は次兄の神八井耳《かむやいみみ》とともに陰謀をめぐらす手研耳を射殺します。神渟名川耳は「自分は天神地祇を祀ります」と言って弟に皇位を譲ります。神八井耳は多臣《おおのおみ》の始祖であると『日本書紀』は書いています。

多氏は奈良県磯城郡田原本町多を本拠とした氏族ですが、田原本町の多神社は（多坐弥志理郡比古神社）には四つの社殿があり、東から神武・神八井耳（すいぜい）・姫御神（玉依媛）が祀られ、境内には『日本書紀』の編纂に関わった多氏一族である太安万侶も先祖とともに祀られています。

※

二〇一一年九月二日、朝日・毎日・読売新聞の夕刊は、福岡市西区の元岡古墳群のG六号墳の石室内から長さ七五センチの刀身と根元背の部分に「大歳庚寅正月六日庚寅日時作凡一二果□」（一字不明、「練」か）という金か銀による一九の象嵌文字が見つかったと発表しました。読売新聞は「六〇年に一度巡ってくる庚寅のうち、古墳時代で一月六日が庚寅の日なのは五七〇年のみ」とわかりやすく報道しています。

西暦五七〇年は、『日本書紀』欽明天皇三一年、干支は庚寅の年です。この年は欽明天皇が亡くなる前年ですが、曽我稲目大臣は三月一日に亡くなっています。新聞によると、福岡市教育委員会は元岡古墳群ではヤマト政権とのつながりを示す武具や馬具が出土していることからヤマト政権のもとで九州統治や朝鮮半島を担った有力豪族の墳墓としています。ちなみに『日本書紀』「欽明紀」三二年（五七一）四月から九月までの記事は次の通りです。

四月一五日、天皇は病気になった。皇太子（敏達）は外出されて不在であった。駅馬《はゆま》で呼びに行かせ、寝室に召し入れられた。天皇はその手を取って「私は重病である。後のことはお前に任せる。お前は新羅を討って、任那を建てよ。乱れている両国の仲を一新

して、また、かつてのごとく、夫婦のような間柄になれば、死んでも思い残すことはない」と言った

この月に天皇はついに大殿で崩御された。時に御年若干である。五月に河内の古市《ふるいち》に殯《もがり》した。八月一日新羅は弔使未叱子失消《みししししょう》らを派遣して、哀《みね》の礼を奉った。この月未叱子失消らが帰国した。九月檜隈坂合陵に埋葬した。

蘇我稲目＝欽明＝ワカタケル大王とする筆者にとって、元岡古墳群の報道がもたらす意味と影響は大きいと言えます。五七一年は殯の期間を考慮すると、蘇我稲目大臣が五七一年に亡くなったと推測することができるばかりか、逆に欽明ことワカタケル大王が五七〇年に亡くなったと考えることができます。

従来、研究者からも指摘されていることですが、欽明天皇の死去についての『日本書紀』の記述が不自然だからです。どんなことかと言いますと、稲目大臣の死去日が「三月の甲甲朔（一日）と明記されているのに対して、欽明天皇については「この月に天皇はついに大殿で崩御された。時に御年若干である。五月に河内の古市《ふるいち》に殯《もがり》した」と書かれていることなどです。

「天国排開広庭」という高句麗の広開土王なみの偉大なる諡号をもつ天皇欽明の殯が数ヵ月というのは短かすぎます。また「年若干」などと、とってつけたような表現は欽明出自の不可解さに輪をかけるようなものです。むしろ欽明の崩御日は稲目大臣の死去日と同じではないかと思わせます。

元岡古墳出土の太刀は朝鮮半島の出入り口の本拠をおいた有力豪族の奉献したワカタケル大王の病気快癒祈願の太刀かもしれません。銀錯銘太刀というと一九七八年に熊本県玉名郡の江田船山古墳から出土したワカタケル大王を示す、「獲加多支鹵大王」など七五の文字が発見されましたが、江田船山古墳の出土物は武寧王の遺品と酷似していると言われながら、問題の「獲加多支鹵大王」は稲荷山鉄剣銘文と同様「雄略天皇説」が有力です。

福岡市の元岡古墳出土の干支「庚寅」入りの太刀が、稲荷山鉄剣銘文や江田船山古墳出土の太刀銘文と異なるのは、年号を示す最初の「庚寅」と「正月六日」の干支の「庚寅」から「五七〇年一月六日刀を作った。おおよそ一二回鍛錬した」と年月日まで特定できることです。いずれにしても三つの象嵌銘太刀の製作が「雄略天皇」ではなく欽明＝ワカタケル大王の時代に共通しているのです。ちなみに江田船山古墳出土の太刀銘文には年を示す干支は刻まれていません。

# 終章　日十大王ふたたび

## 1　『古事記』序文

さて、ここでは太安万侶の『古事記』序文の最後の部分を引用して、私の気になることを忌憚なく述べさせていただき、この書の旅を終わりにしたいと思います。

### ❖太安万侶の「日下」

しかしながら、上古においてはことばもその意味ももともと飾り気がなくて、文章に書き表しますと、どういう漢字を用いたらよいか困難なことがあります。すべて訓を用いて記述しますと、字の意味と古語の意味とが一致しない場合があります。

そうかといって、すべて音を用いて記述しますと、字の意味と古語の意味とは一致しない場合がありますし、そうかといってすべての音を用いて記述しますと、文章がたいへん長くなります。それゆえ、ここではある場合は一句の中に音と訓を混じえて用い、ある場合は一つの事柄を記すのに、すべて訓を用いて書くことにしました。

　そして言葉の意味のわかりにくいのは、注を加えて明らかにし、事柄の意趣のわかりやすいのには別に注をつけませんでした。また氏においては「日下」をクサカと訓せ、名で「帯」の文字をタラシと訓ませるなど、こういう類例は従来の記述に従い、改めませんでした。おおむね書き記した事柄は、天地の始まった時からして、小治田《おわりだ》の御世（推古天皇）に終わります。


　私は太安万侶の「氏においては『日下』をクサカと訓ませ、名で「帯」の文字をタラシと訓ませるなど」という最後の箇所を読んで、すぐ次の三つのことを想い浮かべました。一つは、隅田八幡鏡銘文の「日十大王」の「日十」のことであり、二つ目は『隋書』「倭国伝」の「姓は阿毎、字《あざな》は多利思比孤《たりしひこ》の「多利思比弧」の「多利思」です。

　そして三つ目は、蝦夷を平定したのち日高見国《ひたかみのくに》から引きあげたヤマトタケルが、甲斐を経て酒折宮《さかおりのみや》に泊まった夜、夜警の火を炊く老人（『日本書紀』では侍者）がヤマトタケルの歌「新治《にいばる》筑波を　過ぎて、幾夜か寝つる」に続けて歌った「日日《かが》並べて、夜には九夜　日には　十日を」の「日日」と「十日」のことです。

　この歌は「日に日に重ねて、夜は九夜、日に十日になります」とほぼ字句通りに解釈されていますが、このような生易しいものではありません。なぜならヤマトタケル物語は昆支大王

（応神）こと隅田八幡鏡銘文の「日十大王」をモデルにして創作されているだけでなく、ヤマトタケルの王権喪失が主要なテーマだからです。

夜警の侍者（『古事記』では老人）が歌った「日日」は柿本人麻呂が草壁皇子を弔う歌（『万葉集』巻二―一六七）の「日並《ひみなし》」（皇位継承者＝皇太子）と同義語で、「十日」は隅田八幡鏡銘文の「日十大王」の「日十」を意味するアナグラム（暗号）と考えられます。『古事記』では歌の主は夜警の老人で、ヤマトタケルはその老人に東国国造《あずまのくにのみやつこ》の姓を与えたとあります。

また『古事記』の美夜受比媛《みやずひめ》（『日本書紀』では宮簀媛）が「高光る　日の御子《みこ》　やすめしし我が大君」と歌っているように「日の御子」は「日の神（日神）の子」の意で「日並」と同様「天皇・皇子」と同義です。ヤマトタケルはこの美夜受比媛に草薙の剣を預けて伊吹山に登るのですが、そのまま媛の許に戻らぬ人となります。「日」に対して夜を意味する『古事記』の「美夜受比媛」はシンボリックです。

「日十大王」が百済から渡来した昆支＝倭王武であることは明らかです。また『隋書』「倭国伝」の「阿毎多利思比孤」は大王馬子であることはほぼ検証されています（そして馬子は用明天皇であり、聖徳太子です）。

私は前著『応神＝ヤマトタケルは朝鮮人だった』（河出書房新社、二〇〇九年刊）では、警護の老人が歌った「日日と「十日」について解こうとしましたが、途中であきらめました。今回、その成果を皆さんにお伝えしようと思います。私が解釈する歌謡の裏にこめられた真意とは次の通りです。

夜警の侍者は、「貴方さまは代々の王たちが討伐できなかったはるか東方の日の下《もと》に住む蝦夷を征服することができました。それゆえに貴方さまはやっと東加羅大王（＝日十大王）になったのです」と歌ってヤマトタケルを祝福した。

万世一系天皇の律令国家を構想する天武天皇と藤原不比等のもとで、『日本書紀』編纂者グループの有力者の一人太安万侶のもっとも大きなトラウマは「昆支＝倭王武渡来の史実」と日の下が意味する「先住民族蝦夷の住む東の地」をどのように扱うかということです。唐（周）の則天武后と遣唐使一行との「日本国は倭国の別種成」をめぐる行き違いが起きたのも、新旧二つの渡来集団は建国の当初から自らの出自（朝鮮半島から渡来したこと）を中国にひた隠してきたからです。

「日本」が日下の好字であることを知り、かつ昆支＝日十大王の語源としていることを知っていた太安万侶は、昆支＝応神の隠蔽工作の方法として、『古事記』序文の「日下」とヤマトタケルの悲劇を侍者が歌う「十日」を結びつけることによって密かに「日十大王」を暗示させたのではないでしょうか。この推理は太安万侶を買いかぶりすぎるのでしょうか。

# 2 『山海経』を読む

## ※中国最古の地理書

こんなことを書いて本書の終わりにしようと思っていた矢先、近くの区立図書館で『日本の国号の歴史』（小林敏男、吉川弘文館、二〇一〇年）を読んでいないことに気がつき、急いで目を通すと、次のような箇所に当たり、夜警の老人が歌った「日日並べて《かが》 夜には九夜 日には十日を」の歌は『山海経《さんがいきょう》』に基づくものであることがわかりました。またヤマトタケルが白鳥になって大空高く羽曳野の陵から飛び立った理由もわかったのです。

中国最古の地理書である『山海経』（戦国時代の漢初の成立か）の「海外東経」に以下のようにある。

下に湯谷《ようこく》有り。湯谷上に扶桑有り、十日の浴する所、黒歯の北に在り、九日下枝に居り、一日枝に居る。

同じく『山海経』の「大荒東経」をあげる。

谷有りて湯源谷と曰ふ、湯谷の上に扶木（扶桑）有り。一日まさに至れば、一日まさに出ず、皆鳥に載せたり。

『山海経』をみると、日（太陽）は一〇個あって、それは水中の大木の下枝に九個、上枝に一個あって、湯谷の池（咸池か）で水浴したあと、一個ずつ湯谷の上にある扶桑の木から登っていく。そのとき、鳥をのせているという。

この一〇個の太陽《ひ》については『山海経』は「大荒東経」の所に、「東海の外、甘水の間に義和の国有り、女子有りて名づけて義和と曰う。方《まさ》に日を甘淵に浴せしむ。義和は、帝俊の妻にして、是れ十日を生む」とある。すなわち、一〇個の太陽は義和という女子が生んだ子どもで、いつも甘酒で湯浴みしていたという。のち、義和はわが子太陽を馬や龍にのせる御者として、天空をかけめぐるのである。

後日、私は『山海経』（平凡社ライブラリー）の訳者の高島三良の解説冒頭に次のように書いてあるのを読んで納得しました。

『山海経』の序を書き、註をつけた郭璞《はく》は晋の武帝の咸寧二年（二七六）山西省に生まれた郭公のもとで五行・天文・卜筮《ぼくせい》を学び、元帝の著作作郎になった。元帝の死後、王《おう》敦《とん》の紀室参軍となったが王敦に殺された。

晋の武帝とは魏・蜀・呉三国の一つ魏を継いで晋（西晋）を興した司馬炎（在位二六五～二九〇）のことで、王敦とは元帝の三一七年、南に下って建康に都して東晋（三一七～四二〇）を興した西晋（二六五～三一六）の将軍琅邪《ろうや》王睿《おうえい》（在位三一七～三二二）のことです。東晋は四二〇年に劉裕によって滅ぼされ、宋（四二〇～与七九）（南朝）に変わります。『宋書』「倭国伝」の倭の五王「讃・珍・済・興・武」については本書で縷々述べた通りです。

## 3　天皇家の母国百済

### ❖物の哀れを知る心

天皇家の始祖王昆支の母国は百済であり、百済は敗北と離散と流浪のはてに歴史上から潰えた国です。「物の哀れを知る心」により古《いにしえ》から現在までいかなる「あわれ」の解釈がされようとも、これほどあわれを誘う話はありません。天皇家の祖先がいかに辛酸、離別、労苦を経て倭国に渡来したかは、『日本書紀』神武天皇三一年（紀元前六三〇年）四月、神武が御所《ごせ》の掖上で発した歓喜の言葉を知れば納得できるでしょう。

初代神武は、天武・持統と加羅系渡来集団の祭祀氏族の末裔藤原不比等の下で創作され、日本の建国者を象徴する架空の天皇（実際は昆支＝応神＝日本武尊）ですが、ここには辛酸を嘗めた末に倭国という地にたどり着いた渡来人の喜びと安堵感が鳥瞰図として描かれています。

ところで昆支＝応神の分身であるヤマトタケル（日本武尊）は、白鳥になって三重の能褒野《のぼの》を飛び立ち、次に御所《ごせ》の琴引原《ことひきはら》に降り、それからふたたび河内の古市《ふるいち》に向かって飛んで行きます。しかし能褒野から飛び立った白鳥はなぜ御所の琴弾（引）原に寄らずに河内の古市へ一直線に西に飛ばなかったのでしょうか。

その理由の一つとして、石渡信一郎はヤマトタケルのモデルとなった応神（昆支・武）が御所の琴引原に降りたのは、御所葛城を本拠とする応神（昆支・武）の後裔氏族である巨勢氏（六四五年の乙巳の変で継体王統に協力）が、琴引原に応神の霊を祀っていたからです。ちなみに白鳥陵とされている御所の掖上塚古墳からは水鳥の埴輪が出土しています。また誉田山陵（伝応神陵）からも水鳥形の埴輪が出土しています。

石渡によると、『日本書紀』はヤマトタケルが死後になって西方に飛び立ったと書いた最大の理由は、引用五行説に基づき応神（昆支・武）系統を五行の金と考え、その敗北を示すためでした。陰陽五行説では木・火・土・金・水の中の金は、色は白、方位は西にあたります。

金は十二支では申（猿）・酉（鳥）・戌（犬）であり、十二支の方位では真西が酉です。能褒野で死んだヤマトタケルは白い鳥になって西の方に飛びますが、これは『日本書紀』編纂者が応神（昆支・武）系王統を五行の金、五色の白、五方の西、十二支の酉とみていることを示しています。おそらく『日本書紀』は編纂者は白鳥が西方の日が沈む国出雲、さらにヤマトタケルの生誕地百済母国へ飛び立ったことをイメージしていたのかもしれません。

六四五年の乙巳《いっし》のクーデター（大化の改新）によって応神＝蘇我王朝（馬子・蝦夷・入鹿）を倒した継体系王統と加羅系残存勢力祭祀氏族の藤原氏は、昆支の出自と蘇我王朝を記録から排除・隠蔽しました。天智・天武・持統にとって、百済が母国であることは言うまでもありません。唐・新羅連合軍との白村江の戦いは、かつての高句麗との戦いとは次元を異にする、東アジアのシステムを根幹から変える倭国百済の存亡をかける遠征でした。

しかし、百済はついに歴史から消え去りました。建国以来、侵略・逃亡・崩壊を繰り返し、辛酸を嘗めた百済。その百済から昆支が渡来した倭国は、あたかも初代神武が御所の掖上で讃嘆した言葉に象徴されています。『日本書紀』神武天皇三一年四月一日条からその言葉を引用します。


天皇は国中を巡幸した。その時、掖上のほほまのおかに登って、国の状況を眺めて「ああ、何と美しい国を得たことよ。内木綿《うつゆう》の本当に狭い国ではあるがあたかも蜻蛉《あきず》が交尾しているようであるよ」と言った。

## ❖干支一運六〇年の天皇紀

それでは『日本書紀』編纂グループはどのような方法で昆支＝応神をモデルにして初代神武

が橿原宮で即位した年を紀元前六六〇年の辛酉の年としたのでしょうか。これまで再三にわたって、昆支（余昆）も倭王武も「日十大王」も実在の同一人物であることを説明してきました。

「日十大王」＝昆支が五〇三年の癸未の年にすでに倭国の大王として在位していたことは隅田八幡鏡銘文の解読から明らかです。また、倭王武が南朝梁から五〇二年、征東将軍に冊封されていることからも昆支＝倭王武の実在は確かです。

継体天皇は（余紀）は五〇七年に即位していますから、前天皇の武烈の死去年は昆支の亡くなった年と想定してもなんらおかしくはありません。架空の天皇武烈の亡くなった五〇六年の干支は丙戌《へいじゅつ》です。すると四四〇年（庚申）に生まれた昆支は五〇六年の丙戌の年に六六歳で亡くなったと想定することができます。

もし昆支の分身と考えられる初代天皇神武が六七歳の「丙戌」に死んだとすれば、昆支＝神武（分身）説は成立します。ところが『日本書紀』は神武が「丙子年」に一二六歳で死んだとしています。丙子の年は丙戌の年よりも一〇年早く、昆支の推定死亡六七年と神武の死亡年齢一二七歳より六〇歳の差があることになります。

すでに第一章でも述べましたが、在野の人物で工学畑の数理研究者である井原教弼は「孝霊・孝元・開化・崇神・垂仁・景行・成務・神功・仲哀・応神一〇人の天皇紀（神功皇后も含む）は、すべて辛未に即位して庚午に崩御の六〇年サイクル（六〇年×一〇人＝六〇〇年）で構成されている」ことを発表しました。

石渡は井原教弼の「第一代の神武から綏靖・安寧・懿徳・孝昭・孝安までの六代の三六〇年＝干支六運であったが、あとで一〇年追加されて、今のように三七〇年となった」という説を受けて、『日本書紀』編纂者は神武天皇を応神＝昆支の分身としていることを発見したのです。

どういうことかと言いますと、『日本書紀』編纂グループは孝霊天応が辛未に即位し丙戌の年に死亡したという「孝霊紀」をそのまま「神武紀」とし、『辛酉革命説』に基づき一〇年足して辛酉の念としたのです。このため神武から孝安までの六人の天皇の在位期間の合計は三七〇年となったのです。

『日本書紀』では孝霊の死亡年は「孝霊紀」の丙戌年ですが、神武の死亡年は「神武紀七六年の丙子（BC五八五年）とされています。しかし一〇年繰り上げる前は神武の死亡年は丙戌年であったはずです。神武の死亡年齢一二七歳から、在位期間として一律（単純）に決められた干支一運を差し引けば、神武の死亡年齢は六七歳となります。

ちなみにこの井原教弼が指摘した『日本書紀』編纂者による「歴史改作のシステム」天皇群の長者に関して古田武彦が唱えた一年を六ヵ月とする〝二倍年歴〟や安本美典の提唱した古代天皇の平均在位年代を約一〇年とし、アマテラス＝神功＝卑弥呼とする〝数理文献学〟に比べればはるかに合理的かつ整合性に富むことは明らかです。

〔なお、『日本書紀』編纂者による「歴史改作のシステム」については、拙著『干支一運六〇年の天皇紀』（えにし書房、二〇一八年）をご覧ください〕

## ※巨大古墳見瀬丸山古墳

『日本書紀』によると初代神武は畝傍山東南の橿原市橿原神宮で亡くなっていますが、応神も畝傍山東南にあった明宮で亡くなったとしています。明宮は橿原市大軽町と推定され、「応神天皇軽島豊明址」は橿原神宮前駅に近い国道一六九号線を南下してバス停留所の先の二股を左に入り、さらにその道を左に入ったあたりにあります。

しかし石渡は『邪馬台国の都　吉野ヶ里遺跡』で、畝傍山の東南にあったとされる「明宮」（橿原市大軽町）は、義父済と義兄興が都としていた河内の軽にあったと自説を変更しています。そこは継体天皇の離宮であったが、武（応神）の離宮大隅宮であるとしています。というのは『日本書紀』「応神紀」四〇年条の分註に「一説に大隅宮で崩御された」とあるからです。

## ※巨大古墳見瀬丸山古墳

ところで「応神天皇軽島豊明址」のすぐ南側には日本で六番目の大きな見瀬丸山古墳がありますこの三一八メートルの前方後円墳は飛鳥駅の一つ手前の岡寺駅のプラットホームからその偉容を見ることができます。この古墳の石室正面の花崗岩は一〇〇トンを超えると推定され、石舞台古墳の七五トンをはるかに凌ぐ大きさです。

被葬者は欽明天皇か蘇我稲目かと言われていますが、稲目の墓とされる由縁は、この古墳から東の石舞台古墳までを結ぶ東西とその南北一帯は蘇我氏の本拠とも都城とも言える飛鳥一帯だからです。石渡は昆支＝神武分身説について次のように書いています。

神武が昆支であることを考えると、神武が最初辛未の年に即位したことは、四九一年の辛未の年に昆支が「東加羅」の初代天皇として橿原で即位したことを意味している。隅田八幡神社所蔵の人物画像鏡の銘文も、五〇三年には昆支がすでに「東加羅」の「大王」となったことを物語っている。また、巨大な誉田山古墳（応神陵）の築造が開始されたのは、四八九年頃渡来し始めた百済系集団の優秀な軍事力を背景に百済系新王朝を樹立し、大王を名乗った可能性が高い。

橿原神宮前駅に降り立つ時は、私は見瀬丸山古墳に訪れることにしています。墳丘部は宮内庁の参考地に指定されているので立ち入ることはできませんが、前方部には登ることができます。私の夢はこの巨大古墳を公園にして古墳内部をガラス張りの施設にすることです。周辺住民や県内、県外、そして国外からの奈良・飛鳥に訪れる観光客に公開するならば、きっと石舞台古墳に負けず劣らずの人気を呼ぶことは請け合いです。

この見瀬丸山古墳の主・欽明＝ワカタケルこそ、天智天皇に暴かれた石舞台古墳の被葬者大王馬子の父・稲目であるからです。地方活性化の掛け声が高い昨今です。調査発掘した上で、建築工学の粋を集めて古墳まるごと国の考古博物館としたらどうでしょうか。

そうすれば見瀬丸山古墳の被葬者も、益田岩船や鬼の俎板・雪隠の謎も、天武・持統が入鹿と蝦夷の双墓《ならびのはか》を改装したことも、橘寺と川原寺の関係も、飛鳥寺境内の入鹿の首塚も、そして馬子の墓がなぜ暴かれたのか、法隆寺の塔礎石の秘密も、檜隈の地にある高松塚古墳の被葬者のことも、すべてつながりをもって鮮明に浮かび上がってくるでしょう。こうした創意・工夫・努力があってこそ、世界文化遺産への本当の道が開かれるのです。

最後に本書を読んでくださった読者の方々が、さらに石渡信一郎の著作をひもといてくださるようなれば、著者としてこれにすぐる喜びはありません。

# おわりに

昨年（二〇二三）一月二六日、新聞・テレビは「橿原考古学研究所によれば、日本最大の直径一〇九メートルの円墳富雄丸の造出しから二メートル三七㎝の蛇行剣と過去に類例のない鼉《だ》龍文《りゅうもん》盾形銅鏡が見つかった」と大々的に報道しました。

当時、私は富雄丸古墳（奈良県丸山町一〇七九―二三九）に行ったことも見たこともなく、何の知識もありませんでしたが、初代天皇神武のことを調べようと思い、手許にあった石渡信一郎の著作『蘇我氏の実像』（二〇一一年）を何気なしに開いたところ、次のような記述が目にとまりました。

日本書紀神武即位前紀によると、紀元前六六七年に日向国を出発した神武は浪速《なにわ》国を経て河内国から大和国に入ろうとしたが、長髄彦《ながすねひこ》の激しい反撃を受け、紀伊半島を迂回して大和国に入り、長髄彦を撃破した。

神武と戦ったナガスネヒコは『古事記』にはトミノナガスネヒコ（登美能那賀須泥古）・トミビコ（登美毘古）と書かれている。鳥見（登美）は、奈良県生駒町の北部から奈良市の西端部にわたる地域。神武は基本的には百済系倭国の初代天皇応神（昆支・武）の分身であるから、神武と戦ったナガスネヒコは、応神（昆支・武）の即位に反対して反乱を起こした崇神（旨・首露）系の王子の架空の分身ということになる。

この記述から私は「日本古代国家は加羅系と百済系の二つの渡来集団によって成立した」と提唱する石渡信一郎が指摘する地名の「鳥見（登美）」が、現在の近鉄奈良線（始発大阪難波↓終点奈良終点）の石切・生駒・東生駒・富雄・学園前・菖蒲池・西大寺一帯と一致していることを理解しました。

というのも私の尊敬すべき友人であり、石渡説の支持者である小倉正宏さんが大和盆地にシンボリックに屹立する法隆寺を眼下に眺めることのできる生駒山の中腹に住まいを持っていたので、私は二度ほどご自宅を訪れたことがあるからです。

ところで、朝日新聞社会面（二〇二三年一月二六日）は「巨大古墳と鏡　飛び交う仮説」「被葬者守る」「農耕儀礼」の見出しで、橿原考古研の北山峰生の意見として次のような記事を載せています。「蛇行剣は朝鮮半島の百済で四世紀後半に作られ、石上神宮（奈良県天理市）に伝わる七支刀と共通の思想があると推測する。七支刀の銘文からは辟邪《へきじゃ》の思想が読み取れる。剣は普通とは異なる辟邪の願いを込めた副葬品と推定される」

実際、私は昨年暮れ大阪を訪れた際、現場に行って見ようと思い、大阪環状線の鶴橋駅で乗り換え、近鉄奈良線の富雄駅で下車して富雄丸古墳を見て回りましたが、想像以上に広く、起伏のある丘陵地帯でどこが肝心の円墳富雄丸なのか判断がつきかねるほどで、この一帯は方向といい、地形といい天理市布留町の七支刀を所蔵する石上神宮とは無縁でないことを実感しました。

私は石渡信一郎の『応神陵の被葬者はだれか』（一九九〇年）から『古代蝦夷と天皇家』（一九九四年）、『日本地名の語源』（一九九九年）を経て『百済から渡来した応神天皇』（二〇〇一年）、『蘇我大王家と飛鳥』（二〇〇一年）など、一一冊の編集担当者として過ごし、かつ学びました。

私は『応神陵の被葬者はだれか』の出版以来、「日本古代史の真の理解の原点」として「隅田八幡人物画像鏡」の「癸未年」は「五〇三年」、埼玉古墳出土の「稲荷山鉄剣」の辛亥年は「五三一年」、ワカタケル大王＝欽明天皇であることを本書でも縷々述べてきた通りです。

しかし中・高の文科省検定日本史教科書、市販の書籍の大半は隅田八幡鏡の「日十大王」の歴史的意味と価値を問わず放置し、稲荷山鉄剣のワカタケル大王＝雄略天皇としている文科省検定日本史の責任は重大です。日本古代史の真の理解の原点となる意味と価値のある類まれなる宝、隅田八幡人物画像鏡を見よ！　と大きな声で私は叫びたい。全国の高校生が約三百万人を数える昨今です。今こそ歴史教育と文化の再生を考慮し、日本の未来を考える自律した若者の「問い」と「発見」を育成すべきです。
　ここで私は前著『日本古代史講座』「序言」の言葉「意味と価値の哲学はハンマーをもって真の全体的な批判を実現する（『ニーチェと哲学』ジル・ドゥルーズ　足立和浩訳）を繰り返し、本書の「おわりに」にさせていただきます。

二〇二四年七月二五日

林順治

# 参考文献

〔全般〕

『古事記』（日本古典文学全集）荻原浅男・鴻巣隼男校註・訳、小学館、一九三九年
『三国志記』（全四巻）金富軾 編著、井上秀雄訳註、平凡社東洋文庫、一九八〇～八八年
『続日本紀』（全三巻）宇治谷孟訳、講談社学術文庫、一九九二～九五年
『日本書紀』（全三巻）小島憲之・直木孝次郎ほか校註・訳、小学館、一九九四～九八年
『中国史（二）』（世界史体系）松丸路有・池田温・斯波慶信・神田信夫・濵下武史編、山川出版、一九九二年

〔石渡信一郎の著作〕

『アイヌ民族と古代日本史』私家版、一七八四年
『日本古代王朝の成立と百済』私家版、一九八八年
『応神陵の被葬者はだれか』三一書房、一九九〇年
『蘇我馬子は天皇だった』三一書房、一九九一年
『聖徳太子はいなかった』三一新書、一九九二年
『日本書紀の秘密』三一書房、一九九二年
『古代蝦夷と天皇家』三一書房、一九九四年
『日本古代国家と部落の起源』三一書房、一九九四年
『蘇我王朝と天武天皇』三一書房、一九九六年
『ワカタケル大王の秘密』三一書房、一九九八年
『ヤマトタケル伝説と日本古代国家』三一書房、一九九八年
『日本地名の語源』三一書房、一九九九年

『蘇我大王家と飛鳥』三一書房、二〇〇一年
『新訂版　百済から渡来した応神天皇』三一書房、二〇〇一年
『倭の五王の秘密』信和書房、二〇一〇年
『邪馬台国の都　吉野ヶ里遺跡』信和書房、二〇一〇年

〔その他の著作〕

『鏡と剣と玉』高橋健自、冨山房、一九三一年
『八幡宮の研究』宮地直一、理想社、一九五六年
『旧唐書倭国日本伝』石原道博編訳、岩波文庫、一九五六年
『日本国家の起源』井上光貞、岩波文庫、一九六〇年
『古鏡』小林行雄、学生社、一九六五年
『騎馬民族国家』江上波夫、中公新書、一九六七年
『日本古代の国家形成』水野祐、講談社現代新書、一九七六年
『古代朝日関係史』金錫亨、勁草書房、一九六九年
『親魏倭王』大庭脩、学生社、一九七一年
『邪馬台国はなかった』古田武彦、朝日新聞社、一九七一年
『隠された十字架』梅原猛、新潮社、一九七一年
『歴史学研究』（三七四号）朝鮮三国の移住民集団による畿内地方の開拓について」文史衛、一九七一年
『諸君！』（五月号）「天地・天武は兄弟だったか」佐々克明、文藝春秋、一九七四年
『朝鮮学報』（七七号）「平西将軍・倭・隋の解釈」武田幸男、一九七五年
『古事記成立考』大和岩男、大和書房、一九七五年
『東アジアの古代文化』（八号）「武寧王陵と百済系渡来集団」李進熙、大和書房、一九七六年
『纏向』石野博信・関川尚功、桜井市教育委員会、一九七六年
『古墳と古代文化の謎』森浩一、サンポウ・ブックス、一九七六年

『倭国』岡田英弘、中公新書、一九七七年
『百済史の研究』坂元義種、塙書房、一九七八年
『ゼミナール日本古代史』（上・下）上田正昭・直木孝次郎・森浩一・松本清張編、光文社、一九七九、八〇年
『歴史と人物』（特集「謎の五世紀」）、中央公論社、一九七九年一月号。
『稲荷山古墳と埼玉古墳群』斎藤忠・大塚初重、三一書房、一九八〇年
『広開土王碑と七支刀』李進熙、学生社、一九八〇年
『立命館文学』「五世紀後半の百済政権と倭」古川政司、一九八一年
『須恵器大成』田辺昭三、角川書店、一九八一年
『騎馬民族の来た道』奥野正男、毎日新聞社、一九八五年
『天皇制の深層』上山春平、朝日選書、一九八五年
『白鳥伝説』谷川健一、集英社、一九八五年
『八幡信仰』中野幡能、塙書房、一九八五年
『前方後円墳の世紀』（日本の古代史五）森浩一編中央公論社、一九八六年
『空白の四世紀とヤマト王権』白石太一郎ほか、角川書店、一九八七年
『日本古代国家の成立』直木孝次郎、講談社学術文庫、一九八七年
『天武天皇出征の謎』大和岩雄、六興出版、一九八七年
『好太王碑と集安の壁画古墳』読売テレビ放送編集、木耳社、一九八九年
『東アジアの古代文化』（四二号）「古代王権の歴史改作のシステム」井原教弼、大和書房、一九八九年
『再検討「河内王朝」論』笠井敏光・白石太一郎・水野正好・岡田精司・門脇禎二、六興出版、一九八八年
『河内飛鳥』門脇禎二・水野正好編、吉川弘文館、一九八九年
『日本神話と古代国家』直木孝次郎、講談社学術文庫、一九九〇年
『仁徳陵』中井正弘、創元社、一九九二年
『謎の画像鏡と紀氏』日根野輝己、燃焼社、一九九二年
『謎の巨大氏族紀氏』内倉武久、三一書房、一九九四年

『継体天皇と尾張の目子媛』網野善彦・門脇禎二・森浩一編、小学館、一九九四年
『山海経』高馬三良、平凡社ライブラリー、一九九四年
『日本古代史の進路を行く』黒岩重吾、中公文庫、（一九九七年度版）
『継体天皇と今城塚古墳』高槻市教育委員会編、吉川弘文館、一九九七年
『別冊歴史読本』（日本古代史〔王権〕の最前線）、「神武天皇陵八角墳の臆説」藤井利章、一九九七年
『「白村江」以後』森公章、講談社選書メチエ、一九九八年
『継体天皇と渡来人』森浩一・上田正昭編、大巧社、一九九八年
『倭王権の時代』吉田晶、新日本新書、一九九八年
『三角縁神獣鏡』王仲殊、西嶋定生監修、尾形勇・杉本憲司翻訳、学生社、一九九八年
『古事記と日本書紀』神野志隆光、講談社現代新書、一九九九年
『葛城と古代国家』門脇禎二、講談社学術文庫、二〇〇〇年
『謎の大王　継体天皇』水谷千秋、文春新書、二〇〇一年
『馬子の墓』林順治、彩流社、二〇〇一年
『歴史教科書をどうつくるか』永原慶二、岩波書店、二〇〇一年
『倭国と東アジア』鈴木靖民編（日本の時代史全三〇巻の第二巻）、吉川弘文館、二〇〇二年
『天皇陵伝説』八木荘司、角川書店、二〇〇二年
『アマテラスの誕生』筑紫申真、講談社、学術文庫、二〇〇四年
『同型鏡とワカタケル』川西宏幸、同成社、二〇〇四年
『「日本」とは何か』神野志隆光、講談社現代新書、二〇〇五年
『アマテラス誕生』林順治、彩流社、二〇〇六年
『季刊邪馬台国』（九二号・隅田八幡神社の人物画像鏡銘文の徹底的研究）、梓書院、二〇〇六年
『複数の「古代」』神野志隆光、講談社現代新書、二〇〇七年
『詳説日本史』石井進・五味文彦・笹山晴生・高橋利彦ほか、山川出版、二〇〇七年
『大阪府の歴史読本』大阪府の歴史散歩編集委員会編、山川出版、二〇〇七年

『八幡神と神仏習合』逵日出典、講談社現代新書、二〇〇七年
『高松塚への道』網干善教、草思社、二〇〇七年
『応神＝ヤマトタケルは朝鮮人だった』林順治、河出書房新社、二〇〇九年
『隅田八幡鏡』林順治、彩流社、二〇〇九年
『アマテラスの誕生』溝口睦子、岩波新書、二〇〇九年
『古墳時代のシンボル仁徳陵の古墳』一瀬和夫、神泉社、二〇〇九年
『倭の五王』森公章、山川出版日本史リブレット、二〇一〇年
『「日本＝百済説」説』金容雲、三五館、二〇一一年
『大国主対物部氏』藤井耕一郎、河出書房新社、二〇一一年
『今城塚古墳古代歴史館常設展示図録』高槻市教育委員会編、二〇一一年
『継体天皇を疑う』壱岐一郎、かもがわ出版、二〇一一年
『徹底分析・仁徳陵古墳――巨大前方後円墳の実像を探る』堺市長公室文化部文化財課編集・発行、二〇一一年三月
『天皇陵古墳への招待』森浩一、筑摩書房、二〇一一年
『日本国号の歴史』小林敏男、吉川弘文館、二〇一〇年

〔文科省日本史検定教書〕
『ともに学ぶ人間の歴史――中学社会』執筆・編集子どもと学ぶ教書の会。校閲：荒川章二・大日方純夫・古田元夫・池亨・藤田覚・保立道久。学び舎、二〇二〇年
『新しい日本の歴史――中学校社会科用』伊藤隆・川上和久ほか二六名、育鵬社、（二〇二四年）二月
『日本史探求――高等学校』大橋幸康ほか一一名、第一学習社、令和（四年）三月、令和六年二月、令和六年二月。
『高校日本史――日本史探究（佐藤信・五味文彦・高埜利利彦・鈴木淳ほか二一名著、山川出版、二〇二二年（令和四年）、二〇二四年（令和六年）、二〇二四年（令和六年）。

## 著者略歴

**林　順治**（はやし・じゅんじ）

旧姓福岡。1940年東京生れ。東京空襲の1年前の1944年、父母の郷里秋田県横手市雄物川町深井（旧平鹿郡福地村深井）に移住。県立横手高校から早稲田大学露文科に進学するも中退。1972年三一書房に入社。取締役編集部長を経て2006年3月退社。

著書に『馬子の墓』『義経紀行』『漱石の時代』『ヒロシマ』『アマテラス誕生』『武蔵坊弁慶』『隅田八幡鏡』「アマテラスの正体」『天皇象徴の日本と〈私〉1940-2009』『八幡神の正体』『古代七つの金石文』『法隆寺の正体』『日本古代国家の秘密』『ヒトラーはなぜユダヤ人を憎悪したか』『「猫」と「坊っちゃん」と漱石の言葉』『日本古代史問答法』『エミシはなぜ天皇に差別されたか』『沖縄!』『蘇我王朝の正体』『日本古代国家と天皇の起源』『隠された日本古代史Ⅰ～Ⅲ』（いずれも彩流社）、『応神＝ヤマトタケルは朝鮮人だった』『仁徳陵の被葬者は継体天皇だ』（河出書房新社）、『日本人の正体』（三五館）、『漱石の秘密』『あっぱれ啄木』（論創社）、『日本古代史集中講義』『「日本書紀」集中講義』『干支一運60年の天皇紀』『天皇象徴の起源と〈私〉の哲学』『改訂版・八幡神の正体』『日本古代史の正体』『天武天皇の正体』『日本書紀と古事記』『天皇の系譜と三種の神器』『蝦夷と東北の日本古代史』『日本古代史講座』（えにし書房）。

# 継体天皇《けいたいてんのう》＝男弟王《をほどのおおきみ》の正体《しょうたい》

## 巨大古墳《きょだいこふん》仁徳陵《にんとくりょう》の被葬者《ひそうしゃ》はだれか

2024 年 9 月 30 日 初版第 1 刷発行

■著者　林 順治
■発行者　塚田敬幸
■発行所　えにし書房株式会社
〒102-0074 東京都千代田区九段南 1-5-6 りそな九段ビル 5F
TEL 03-4520-6930　FAX 4520-6931
ウェブサイト　http://www.enishishobo.co.jp
E-mail　info@enishishobo.co.jp

■印刷／製本　株式会社 厚徳社
■装幀／ DTP　板垣由佳



ISBN978-4-86722-133-4 C0021

# えにし書房　林順治の古代史関連書

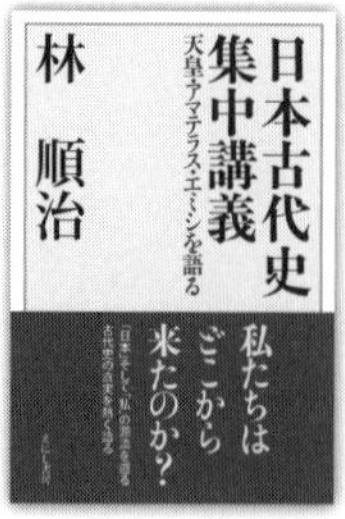


## 日本古代史集中講義
### 天皇・アマテラス・エミシを語る

**林順治 著**　定価：1,800 円＋税／四六判／並製

ISBN978-4-908073-37-3　C0021

日本国家の起源は？ 日本人の起源は？ そして私の起源は？ 古代史の欺瞞を正し、明確な答えを導き出しながら学界からは黙殺される石渡信一郎氏による一連の古代史関連書の多くに編集者として携わり、氏の説に独自の視点を加え、深化させたわかりやすい講義録。新旧２つの渡来集団による古代日本国家の成立と、万世一系神話創設の過程から、最近の天皇退位議論までを熱く語る。

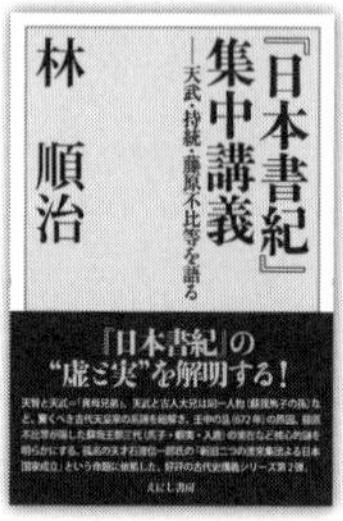


## 『日本書紀』集中講義
### 天武・持統・藤原不比等を語る

**林順治 著**　定価：1,800 円＋税／四六判／並製

ISBN978-4-908073-47-2　C0021

『日本書紀』の“虚と実”を解明する！　天智と天武が（異母兄弟）であることや、天武と古人大兄（蘇我馬子の孫）は同一人物であることなど、驚くべき古代天皇の系譜を紐解く。藤原不比等がなぜ『日本書紀』において、蘇我王朝三代（馬子・蝦夷・入鹿）の実在をなかったことにしたのか、という核心的謎に迫る。

## 日本書紀と古事記
### 誰が人と神の物語をつくったか

**林順治 著**　定価：2,000 円＋税／ A5 判／並製

ISBN978-4-86722-102-0　C0021

日本古代史の通説を根底から覆す！ ―日本書紀が主、古事記が従、天武天皇によって構想され、藤原不比等によってプロデュースされた― 石渡信一郎、井原教弼、フロイト説を援用し、記紀をめぐる種々な論点に触れながら、その成立過程を解き明かすと見えてくる、驚くべき古代史の真相。「アマテラスを祖とし神武を初代天皇とする万世一系天皇の物語」の虚実に徹底的に斬りこむ。

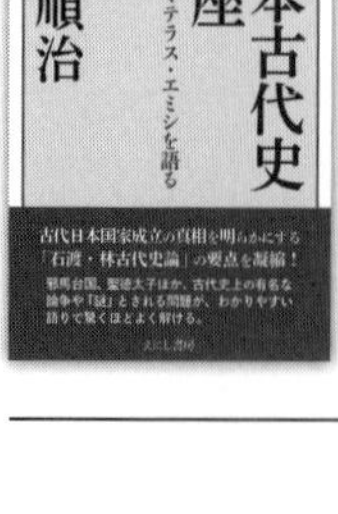


## 日本古代史講座
### 天皇・アマテラス・エミシを語る

**林順治 著**　定価：2,000 円＋税／四六判／並製

ISBN978-4-86722-129-7　C0021

古代日本国家成立の真相を明らかにする「石渡・林古代史論」の要点を凝縮！

邪馬台国、聖徳太子ほか、古代史上の有名な論争や「謎」とされる問題が、わかりやすい語りで驚くほどよく解ける。

## えにし書房　林順治の古代史関連書

### 干支一運 60 年の天皇紀

藤原不比等の歴史改作システムを解く

**林順治** 著　定価：2,000 円＋税／ A5 判／並製

ISBN978-4-908073-51-9　C0021

仮に旧王朝の編年体の史書が発見されたものと仮定する。これをバラバラにし、多くの“天皇紀”に記事を分散配置して新王朝の“万世一系の歴史”を作ろうとする場合、それがいずれも 60 通りの干支を包含した干支一運の天皇紀であれば、旧王朝の史書のどの年度の記事であろうと、希望の天皇紀に該当する干支のところに放り込める。干支一運の天皇紀は“歴史改作のシステム”なのである。

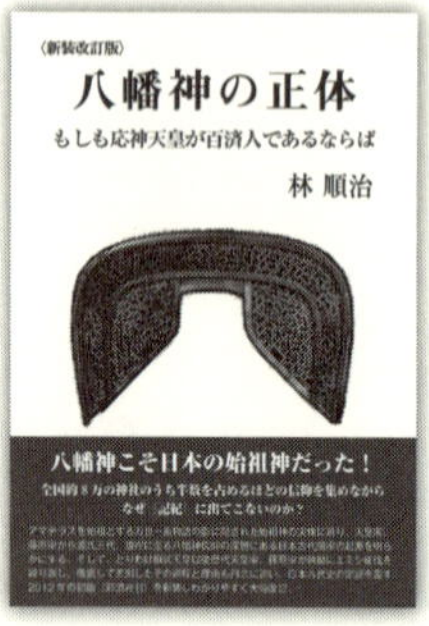


### 〈新装改訂版〉八幡神の正体

もしも応神天皇が百済人であるならば

**林順治** 著　定価：2,000 円＋税／ A5 判／並製

ISBN978-4-908073-58-8　C0021

八幡神こそ日本の始祖神だった！　全国の神社の半数を占めるほどの信仰を集めながらなぜ『記紀』に出てこないのか？　アマテラスを始祖とする万世一系物語の影に隠された始祖神の実像に迫り、天皇家、藤原家から源氏三代、現在に至る八幡神信仰の深層にある日本古代国家の起源を明らかにする。2012 年の初版（彩流社刊）を新装しわかりやすく大幅改訂。

### 蝦夷と東北の日本古代史

幻の雄勝城をめぐる物語

**林順治** 著　定価：2,000 円＋税／四六判／並製

ISBN978-4-86722-119-8　C0021

古代日本国家成立の歴史過程に秘められた、天皇家と蝦夷をめぐる相克の物語と著者自身の存在の故郷（ルーツ）東北、横手盆地と心理的葛藤をめぐる物語が重なり合う稀有な書。

加羅系崇神王朝と百済系応神王朝の二段階にわたる東方侵略の実態を明らかにした、石渡信一郎の研究成果を基盤に展開する、驚くべき史実。